언더그라운드

언더그라운드
지상으로 올라오지 못한 기억

지은이 양희 · 허욱
펴낸이 윤양미
디자인 씨오디
펴낸곳 도서출판 산처럼

등 록 2002년 1월 10일 제1-2979
주 소 서울시 종로구 사직로8길 34 경희궁의 아침 3단지 오피스텔 412호
전 화 02-725-7414
팩 스 02-725-7404
E-mail sanbooks@hanmail.net
홈페이지 www.sanbooks.com

제1판 제1쇄 2021년 10월 20일

값 18,000원

* 잘못된 책은 바꾸어드립니다.

ISBN   979-11-91400-03-8   03900
* 이 책의 저작 활동은 2020년도 용인대학교 학술연구조성비를 지원받았습니다.

지상으로 올라오지 못한 기억

언더그라운드

양희·허욱 지음

underground

산처럼

언더그라운드, 거기에 사람이 있었다

삶은 지상의 것으로만 인식되곤 한다. 죽음이 땅 아래의 것으로 여겨지는 것처럼 말이다. 어둠, 가난, 죽음, 고통, 소외, 상처, 과거… 외면하고 싶은 것들은 모두 지하, 땅 아래의 몫이다. 그러므로 살아 있는 우리는 애써 저 아래의 공간 혹은 시간으로부터 분리되고자 한다. 하지만 죽음이 삶과 어깨를 마주하고 있는 것처럼 지하 역시 지상과 등을 대고 있다. 지상의 것들은 언제든 지하의 것이 될 수 있고 그것은 살아 있는 것들의 거부할 수 없는 운명이기도 하다.

우리가 살아가는 지상의 표면 그 아래 어딘가에는 지상의 무게를 견디며 빈 채로 남아 있는 지하구조물들이 있다. 늘 그 자리에 있었으나 우리가 보지 못했던 공간이고 인식하지 못했던 시간이다. 그리고 거기에 사람들이 있었다. 무참하게 끌려간 사람들, 살기 위해 들어갔던 사람들, 이름 없이 고통받고 죽어간 사람들. 역사에서는 언더그라운드에 매장된 사람들이었다.

태초의 굴은 생명을 위한 장소였다. 오래전부터 인류는 거친 자연환경과 맹수의 습격을 피해 굴에서 살았다. 여름에는 시원하고 겨울에는 따뜻한 곳, 마실 물이 있고 무엇보다 그곳은 안전했다. 어머니의 자궁을 닮은 굴은 그래서 생명의 공간이기도 하다. 하지만 우리가 만났던 지하구조물들은 그렇지 못했다. 사람들은 강제로 끌려가 굴을 팠고 그 안에서 탄을 캐다가 죽었다. 그리고 그렇게 파낸 석탄은 무기를 만들고 전투기를 띄우는 데 사용되었다. 때로는 사람을 죽이는 무기를 숨기기 위해 굴을 파기도 했고 그 굴 안에서 무기를 싣고 바다나 하늘로 출격하기도 했다. 살기 위해 숨어들었던 굴에서 죽음을 강요당하기도 했으며, 살고자 했으나 억울하게 죽기도 했다. 생명을 잉태하고 보듬는 굴은 그렇게 역사의 소용돌이 속에서 억압과 죽음의 공간으로 바뀌어갔다.

2014년부터 터널이나 굴과 같은 지하구조물을 찾아다니기 시작했고 '트래블로그'라는 형식으로 카메라에 담았다. 관심을 갖고 찾기 시작하니 상처를 간직한 지하구조물은 우리나라뿐 아니라 일본과 동아시아 곳곳에 존재하고 있었다. 가장 먼저 찾아가게 된 곳은 한국과 일본의 탄광이었다. 한국의 탄광이 산업화의 희생자를 낳으며 더 깊은 막장으로 내려갔다면 일본의 탄광은 산업화뿐 아니라 전쟁과 강제징용으로 채워진 공간이었다.

일본의 후쿠오카현(福岡縣) 미이케(三池)탄광에 갔을 때였다. 약 9,200명의 조선인이 강제 동원되어 나라 없는 설움과 가혹한 노동으로 비참한 시간을 보낸 곳이지만 방문자들을 위한 안내문이나 홍보 영상에는 '강제 동원'이나 '강제 노동'에 대한 언급은 없었다. 메이지(明治) 시대(1868~1912)의 산업혁명 유산 23곳 중 하나로 2015년 유네스코 세계문화유산으로 등재되었다는 거창한 홍보 문구만이 펄럭일 뿐이었다.

역사는 그렇다. 애써 지우려는 사람들도 있고, 왜곡하려는 이들도 있고 또 어두운 과거라 여기며 청산하고자 하는 사람들도 있다. 하지만 다 지난 이야기는 없다. 지울 수 있는 과거란 존재하지 않는다. 사람이 사라졌다 해서 또 시간이 흘러갔다고 해서 엄연히 있었던 것을 없었던 것으로 할 수는 없다. 그

증거가 바로 터널이고 굴이다. 지하구조물들은 그 땅이 가진 상처를 품고 있는 흉터였던 것이다. 지금은 빈 지하구조물이지만 불과 80여 년 전에 그곳에는 사람들이 있었다. 과거를 지우고 역사를 외면한다 해도 조선인들이 일했던 수많은 지하구조물은 그대로 남아 있다. 일본에서는 미쓰비시(三菱), 미쓰이(三井), 일본제철 등 주로 전범기업을 찾아가 촬영하게 되었다. 이들은 중일전쟁(1937~1945)과 태평양전쟁(1941~1945)으로 가장 많은 수혜를 입은 기업이자 강제 동원의 고통이 가장 많이 남겨진 곳이기도 하다. 강제 동원의 역사를 잠깐 살펴보면 그들이 어떻게 전쟁을 통해 이득을 취했는지 알 수 있다.

1937년 중일전쟁이 시작되면서 조선인 강제 동원을 가능케 하는 법률이 제정되고 1941년 태평양전쟁으로 확대되면서 강제 동원은 숨 가쁘게 진행된다. 1943년에는 조선인 대상 징병제 실시가 공포되었고, 조선인 군속 배치가 시작되었다. 1944년에는 심지어 '여자정신근로령'까지 만들어 열두 살만 넘으면 군수공장에 여자근로정신대로 동원했다. 1945년 3월까지도 '국민근로동원령'을 공포하여 더 많은 조선인들을 동원하려 했다. 기술을 가르쳐준다거나 학교를 보내준다거나 돈을 벌게 해주겠다는 감언이설도 많았고 가정마다 할당된 인원을 채워야 하는 강제 차출도 있었다. 전쟁에 필요한 인력을 보충하기 위해서라면 길 가던 청년을 무턱대고 끌고 가거나 야밤에 집을 습격해서 잡아가는 등 수단과 방법을 가리지 않았다. 그렇게 강제 동원된 노무자들은 군수산업의 대명사인 미쓰비시중공업, 철강업의 일본제철을 비롯해 주요 군수물자인 석탄을 공급한 미쓰이, 아소(麻生) 그리고 후지코시(不二越), 스미토모(住友), 도와(東和)홀딩스 등 수많은 전범기업에 배치되었다.

가장 잔혹한 근로 현장은 탄광이었다. 태평양전쟁의 주요 군수물자였던 석탄을 캐기 위해 조선에서 끌려온 노무자들은 위로는 홋카이도(北海道)에서부터 아래로는 규슈(九州)에 이르기까지 곳곳에 끌려갔다. 그렇게 끌려간 노동자들은 위험한 탄광 노동에 가장 많이 투입되었고 그다음으로 금속 광산, 토목 공사장, 군수공장, 항만운수 공사장, 집단농장 등에 배치되었다.

노동은 단순했으나 고되었고 위험했다. 조선인 탄광 노무자의 90퍼센트는 갱내 인부로 일했고 제강소 또한 가장 힘든 용광로 작업이나 압연 작업에 투입되었다. 조선인은 막장이나 가스 발생 지역, 낙반사고 위험 지역에서 일해야 했기 때문에 늘 죽음의 위험에 노출되어 있었다.

희생은 거기서 끝나지 않았다. 일본은 패색이 짙어지면서 본토를 공격당할 위기에 놓이자 제주도 전역을 요새로 만들기 시작했다. 결7호작전(決7號作戰) 아래 섬 곳곳에 동굴 진지를 만들고 자살 특공 병기를 숨겨놓았다. 해안가와 오름에 동굴을 파기 위해 강제 동원된 조선인들의 고통은 이루 말할 수 없었다. 그리고 그 상처 위로 4·3의 학살이 더해진다.

태평양전쟁 말기, 오키나와(沖縄)에서는 미군과의 전투가 있었다. 일본열도에서 벌어진 유일한 지상전이었다. 일본군의 비밀스러운 작업에 내몰려 본토의 다른 곳에 비해 희생도 컸다. 1943년 오키나와에는 미군과 결전을 치를 수십만의 일본군이 밀려들었다. 이 과정에서 조선인 청년과 여성이 약 1만 명 이상 동원되고 희생되었다. 끌려간 이들은 비행장과 격납고를 만들고 진지를 구축했으며 군수물자를 실어날랐다. 희생은 조선인뿐이 아니었다. 일본 제국과 천황을 위한 옥쇄(玉碎. 대의나 충절을 위한 깨끗한 죽음)를 강요받았던 오키나와 주민들도 지하에 숨었다가 죽음을 맞았다.

한국과 일본의 지하구조물들의 역사를 따라가다 보니 태평양전쟁이라는 시간의 축이 흔적으로 남게 되었다. 남아 있는 공간들을 관통하는 것은 '국가 폭력'이었다. 이 책의 많은 부분은 부산의 국립일제강제동원역사관, 제주의 4·3평화박물관, 국가기록원, 민족문제연구소 등에서 도움을 받았다. 특히 강제 동원에 대한 귀한 자료와 전문적인 조언을 해준 민족문제연구소와 김민철 선생님의 도움이 컸다. 감사의 인사를 드린다.

우리는 역사 전문가나 연구자가 아니기에, 오랜 기간 수집하고 기록한 연구 자료에 의지해야 했다. 여러 종류의 관련 도서들과 생생한 목소리가 담긴 구술집, 피해자들이 기증한 사진 그리고 온라인 아카이브 덕분에 강제 동원의 흐름과 피해자들의 고통을 조금이나마 이해할 수 있었다. 역사에 눈이 어두운 우리에게 등불을 비춰주신 분들께 감사를 드린다.

우리는 언더그라운드라는 지하구조물들을 제국주의와 국가폭력이라는 시선으로 다시 바라보고자 했다. 다만 역사 속에 같은 공간과 시간을 살았던 이들을 피해자와 가해자로 나누지는 않았다. 수많은 희생자들은 끌려가 터널을 파거나 터널에서 일했으며 살기 위해 터널로 숨었고 또 거기서 죽었다. 결국 그 시대를 살았던 민초들은 모두 국가 폭력의 희생자였다.

촬영 당시 가능한 한 장소에 오래 머물렀고 그곳에서 벌어졌던 일들을 꼼꼼히 헤아렸다. 또한 지하구조물을 비추는 빛과 그림자, 날씨와 촬영 시간에 따른 빛의 양까지도 섬세하게 잡아내 전달하려 애썼다. 그리하여 우리의 작업을 통해 그곳을 바라보는 이들이 표면 그 아래에 남겨진 역사를 사유할 수 있기를 바랐다. 또한 쉽게 지나칠 수 있는 우리 주변의 수많은 지하구조물들을 의문의 시선으로 바라봐주기를 바랐다. 누가, 왜, 무엇을 위해 만들었으며 그곳에서 무슨 일이 있었는가 하고 말이다.

이 책에는 지하구조물들의 사진과 함께 각 지역이 가진 역사적 배경을 간략하게 기술했고 각각의 장소가 갖는 피해 규모는 통계나 현지의 안내문을 인용하여 정보로 제공했다. 또 현지의 해설가나 관광 안내원들의 목소리, 비디오로 제공되는 현장 가이드를 배치하여 역사가 후대에 어떻게 전달되고 있는지 그 차이를 보여주려 했다. 당시의 상황을 생생히 전해줄 피해자들의 목소리는 구술집이나 인터뷰에서 인용했다. 전달자의 감정보다는 역사적 사실을 드러내 되도록 독자들이 자신의 온도로 피해자의 목소리를 재구성할 수 있기를 바랐다.

이 책에 담긴 지하구조물들은 단순한 공간이 아니다. 제국주의와 국가 폭력이 애국과 충성, 번영과 평화라는 이름으로 자행되었던 곳이다. 하지만 아무리 비참하고 고통스러웠던 역사적 공간이라도 시간이 지나가고 나면 그저 비어 있는 혹은 쓸모를 달리하는 장소로 바뀌었을 뿐 참혹했던 순간은 그곳에 남아 있지 않다. 클로드 란츠만 감독의 「쇼아」(1985)에서 보여주듯이 끔찍한 학살의 공간마저도 그곳에서 무슨 일이,

왜 벌어졌는지를 말해주지 못한다.

수많은 지하구조물들을 만나면서 우리는 순순히 인정했다. 그 순리를 바꿀 수는 없다. 다만 '과거는 어떤 모습으로 현재에 남아 있는가' 하는 질문은 꼭 남기고 싶었다. 누군가에게는 뼈아픈 고통과 죽음의 공간도 반대편의 누군가에게는 근대화의 상징이 된다. 어느 쪽에서 바라보느냐에 따라 그 차이는 엄청나다. 그러므로 우리는 우리의 눈으로 기록하고 기억해야 한다. 지금 그 기회를 잃어버리면 역사는 우리의 기억 자체를 왜곡하고 말 것이다. 그뿐만이 아니다. 자신이 살아가고 있는 공간이 지니고 있는 과거와 현재를 맛보지 못한 세대는 역사에서도 그 의미를 찾지 못할 것이고 결과적으로 과거에 무관심할 수밖에 없을 것이다.

심보선 시인은 『그쪽의 풍경은 환한가』에서 "국가 폭력 희생자들은 두 번 죽는다"고 했다. 한 번은 '국가 폭력에 의해서'이고 두 번째는 '사회 구성원들의 망각에 의해서'라고 말이다. 그러므로 그들이 죽어간 이 땅에서 살아가는 우리는 기억해야 한다. 희생된 사람들의 목소리를 온전히 기억하지 못할 때 우리는 같은 실수를 반복할 수밖에 없다.

우리는 아직도 5월의 광주에 발포 명령을 내린 이를 처벌하지 못했고 수학여행을 가던 아이들을 한순간에 잃고도 그

진상을 다 밝히지 못했다. 노동자들은 과로와 사고로 오늘도 노동의 현장에서 죽어가고 있으며 억울한 죽음과 희생은 여전히 반복되고 있다. 일어났던 일은 그렇게 다시 일어난다.

우리는 날마다 기억하고 기념해야 한다. 감추려 해도 감춰지지 않는 이 땅의 흉터, 지하구조물. 여기, 이 어두운 곳에, 관심이 미치지 않는 곳에, 보호받지 못하는 곳에, 여기에 사람이 있었다.

2021년 5월 영화재에서

지은이 양희·허욱

언더그라운드

차례

01

지상의 무게를
견디며

———

서울

서울은 역사가 깊은 만큼 영광도 상처도 많다. 일제 강점기가 되면서 총독부를 비롯한 행정관청이 세워지고 용산을 중심으로 군사기지가 들어서면서 이 땅을 차지하려 했던 자들이 남긴 흔적은 곳곳에 남아 있다. 지상에도 있지만 지하에도 있다.

2017년 10월, 서울의 비밀 지하 공간 세 곳이 시민들에게 공개되었다. 신설동 지하 폐역과 경희궁의 방공호 그리고 여의도 지하 벙커였다. 시대순으로 보면 경희궁의 방공호가 가장 먼저 지어진 지하구조물이다. 태평양전쟁에서 불리해지자 일본은 미군의 공습에 대비해 곳곳에 방공호를 만들기 시작했다. 당시 지어진 방공호는 서울이 재건축되고 재개발되면서 대부분 사라졌지만 손도 대지 못한 곳이 바로 경희궁의 방공호다. 지하 직선거리가 약 100미터에 이르는 거대한 이 지하구조물은 복원된 경희궁 아래에 있다.

그다음에 공개된 곳이 여의도의 지하 벙커다. 2005년 버스환승센터 공사를 하다가 발견되었다. 워낙 비밀리에 만들어지고 유지된 탓에 언제 공사가 되었는지조차 알 수 없어서 대략 1970년대 중반쯤에 만들어진 것으로 본다. 서울시가 항공사진을 찾아본 결과, 1976년 11월에는 공사 흔적이 없었지만 이듬해 11월 사진에는 벙커 출입구가 보여 이 시기에 공사가 진행되었을 것으로 추측한다. 군사정권 시절 5·16광장으로 불렸던 여의도 광장에서는 국군의 날에 각종 행사가 열렸고 당시 박정희 대통령이 참석했는데 지하 벙커의 위치와 출입구를 고려하면 비상시를 대비한 경호 시설로 추정된다. 고작 50년도 되지 않았는데도 누가, 언제, 왜 만들었는지 소관 부처와 자료 등 관련 기록이 남아 있지 않다. 그렇다면 얼마나 많은 지하구조물이 더 있는지는 알 수 없는 일이다. 오랫동안 잠들어 있다가 갑작스럽게 발견된 지하 벙커는 미래문화유산으로 지정되고 시민들의 품으로 돌아왔다.

세 번째는 신설동 지하 폐역이다. 1974년 지하철 1호선 건설 때 만들어졌으나 이후 노선이 변경되면서 사용하지 않게 되었다. 승강장에는 노란색 안전선이 희미하게 보이고 '11-3 신설동'이라는 낡은 표지판이 벽에 붙어 있을 뿐 지난 세월의 흔적이 고스란히 남아 있다. 43년 동안 일반인 출입이 금지되었고 지도에도 나오지 않아 유령역으로 불렸지만 1970년대 역사의 모습을 간직하고 있어 엑소의 뮤직비디오나 드라마 「스파이」, 영화 「감시자들」의 촬영 장소로 일부 활용되었다.

우리는 다이내믹 코리아를 외치며 한국전쟁 이후 70여 년을 달려왔다. 뒤돌아볼 겨를도 없이 달려온 우리들의 발아래에는 세월의 무게를 고스란히 간직한 공간들이 남아 있다.

○　신설동 지하 유령역

1974년 지하철 1호선 건설 당시 만들어졌으나 이후 노선이 변경되면서 사용하지 않게 된 폐역. 서울시는 1974년 개통한 지하철 1호선을 건설하면서 연희동–종각–동대문–천호동으로 이어지는 5호선 노선을 구상했다. 하지만 이후 여러 사정으로 5호선은 왕십리–청구–동대문역사문화공원을 지나는 것으로 노선이 변경되었고, 신설동역 지하 3층 승강장은 버려져 지금의 유령 승강장이 되었다.

뒤돌아볼 겨를도 없이 달려온

우리들의 발아래에는

세월의 무게를 고스란히 간직한

공간들이 남아 있다.

○ 경희궁 방공호

태평양전쟁이 한창인 1944년에 건설된 대규모 방공호. 근처에 있던 조선총독부 직원들의 대피용 방공호이거나, 경성전신전화국이 비상시에 이용할 시설, 혹은 대규모 통신 설비를 갖춘 사령부 건물일 것이라고 추측을 하고 있다. 경희궁 복원 과정 중에 발견되었다.

서울시립미술관 SeMA Bunker

○ 여의도 지하 벙커

2005년 5월 여의도 버스환승센터를 공사하던 중 발견된 지하 벙커. 이 벙커
는 지하 2.2미터 아래 180평 규모로 큰 방(160평)과 작은 방(20평)으로 구성
되어 있다. 관련 자료가 없어 누가 왜 만들었는지는 정확히 알 수 없지만 당
시 박정희 대통령의 경호용 비밀 시설로 추정하고 있다. 2017년 서울시립미
술관 분관인 '세마(SeMA) 벙커'로 개조해 시민들에게 개방하고 있다.

○   여의도 지하 벙커의 VIP실

여의도 지하 벙커가 발견되었을 때 VIP실로 추정되는
이 방에는 소파가 놓여 있었으며 한쪽에는 세면대와
좌변기가 설치되어 있었다.

02

이곳을
발판으로

―

가덕도

가덕도는 부산과 거제도를 잇는다. 행정구역상 부산광역시 가덕도동에 속한 섬으로 '부산이 품은 가장 큰 섬'이라고도 불려왔다. 하지만 2010년 거가대교가 놓이면서 가덕도는 섬 아닌 섬이 되었다. 오랫동안 사람의 발길이 닿지 않았던 조용한 섬은 개발의 몸살을 앓게 되었고 최근 들어서는 신공항 건설로 세간의 주목을 받고 있다. 이런 관심이 갑작스러운 일은 아니다. 가덕도는 그 위치상 위로는 진해만을 통해 뭍과 이어지고 아래로는 대한해협이 시작된다. 진해와 마산, 부산으로 가는 길목에 자리해 이곳을 발판으로 삼으려는 이들이 많았다.

가덕도는 남해안 일대에 수시로 출몰한 왜구로부터 한반도 최남단을 지키는 군사적 요충지였다. 고려 말에는 연대봉에 왜구의 침입을 알리는 봉수대가 설치되었고, 1544년 조선 중종 때는 사량진왜변 이후 가덕진(加德鎭)을 설치하고 천성진성(天城鎭城)을 구축해 왜구를 방어했다. 그러다가 가덕도가 본격적으로 침략과 수탈의 역사 전면에 서게 된 것은 러일전쟁(1904~1905) 때 일본군 진해만 요새사령부가 주둔하면서부터다.

일제는 러시아 함대가 대한해협을 지날 때 기습 공격을 가할 목적으로 가덕도에 포대 진지를 설치했고 이곳을 대륙 침략의 전초기지로 삼았다. 1904년 12월 일본군 포병대대 제2중대가 외양포에 설치되었고, 진해만 앞바다 저도에 있던 대대본부를 이곳으로 옮겨온 후 1905년 5월 7일 진해만요새사령부를 세웠다.

포진지가 있는 외양포 마을 안에는 러일전쟁 때 중포병대대 사령관이 머물렀다는 사령부와 하사관 막사가 남아 있어 지금은 민가로 사용되고 있다. 마을 위로 난 국수봉에도 해안 포대의 포사격을 지휘하는 관측소와 화약고, 포대의 배후를 방어하는 산악 보루 등이 곳곳에 있다. 뿐만 아니다. 포진지 입구에는 1936년 건립한 '사령부발상지지(司令部發祥之地)' 비석이 있다. 비문에는 1905년 5월 7일 외양포에 일본군이 상륙했다는 기록이 또렷하다.

그런가 하면 오랜 전통의 어로법 '육수장망(배 여섯 척으로 긴 그물을 다각형이 되게 만들어 고기를 잡는 것)'의 숭어잡이로 유명한 대항에는 태평양전쟁 당시 조성한 인공 동굴이 있다. 대항 마을의 북서쪽 해안가에 서너 개, 대항 마을 뒤쪽의 새바지 마을에도 다섯 개 정도가 확인된다. 일본군은 해안 여러 곳에 인공 동굴을 파서 적기의 공습에 대피하고, 또 한편으로는 가덕도 해안에 상륙하는 연합군을 저지하기 위한 발사 기지로 사용했다.

○   외양포 마을

외양포의 이 작은 바닷가 마을 곳곳에는 일제가 남긴 치욕의 역사가 그 어느
곳보다 생생하다. 해안가의 야트막한 산과 언덕 사이에는 견고한 붉은 벽돌과
시멘트로 지은 거대한 포진지가 있고 일본군이 사용한 병영도 남아 있다. 마을
에는 일본군이 사용하던 관사와 막사, 창고, 무기고, 위병소 그리고 이제는 물
을 길어 올리지 않지만 우물도 당시 지은 지붕이 있는 그대로다. 남겨진 건물
중 일부는 개조해 주민들이 살고 있다. 이렇게 보존이 잘되어 있는 것은 해방
과 함께 이 일대가 군사시설보호구역으로 지정되고, 토지나 가옥이 국방부 소
유로 귀속되었기 때문이다.

○   외양포 포대 진지

러일전쟁 당시 진해에 정박한 일본 제국 함대를 지키기 위해 구축한 일본군 포
진지. 이곳 포진지에는 엄폐 막사 두 개소, 탄약고 세 개소가 있고 탄약고 사이
에는 포좌가 배치되어 있다. 막사와 탄약고는 진입구를 제외한 네 면을 구릉으
로 처리하고 상부에 대나무와 잔디 등을 심어 은폐·엄폐했다. 이곳은 광복이
될 때까지 수차례 보수 공사를 거듭하여 일본군 군사시설로 활용되었다.

○　포좌(砲座)

각 두 개씩 총 6문의 280밀리미터 곡사포를 배치하고 측면에는
즉시 사용할 수 있도록 포탄을 보관한 것으로 추정된다.

황국신민의 맹세
Oath of Imperial Subjects

우리들은 대일본제국의 신민입니다
We are the people of the Great Empire of Japan

황국신민서사(아동용)

하나, 우리들은 대일본제국의 신민(臣民)입니다.

둘, 우리들은 마음을 합하여 천황 폐하에게 충의를 다합니다.

셋, 우리들은 인고단련(忍苦鍛鍊)하여 훌륭하고 강한 국민이

되겠습니다.

○   황국신민서사

황국신민서사(皇國臣民誓詞)는 1938년 개정된 제3차 조선교육령(朝鮮敎育
令)에 따라 일제가 한국인의 황국신민화를 강화하기 위해 암송하고 제창하게
한 맹세다. 1937년 10월에 제정되었고 아동용과 중등학교 이상 일반인용 두
가지가 있다. 황국신민서사는 학교를 비롯하여 관공서, 은행, 회사, 공장, 상
점 등 모든 직장에서 조회나 회합 때 제창되었다.

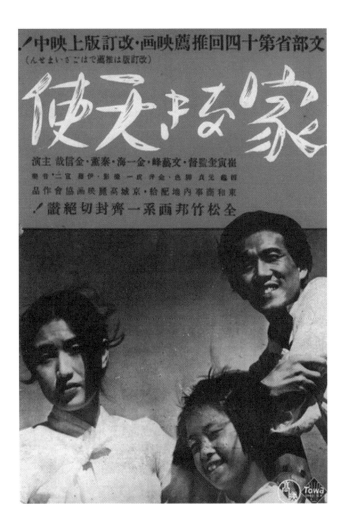

○　영화「집 없는 천사」(1941)

고아원 출신 젊은이들이 불우한 고아들을 선도하여 밝은
내일의 길로 인도한다는 내용의 계몽영화. 「독립 전야」,
「자유 만세」를 연출한 최인규 감독의 작품으로 향린원이라
는 고아원에서 있었던 실화를 바탕으로 만들었다.

영화 「집 없는 천사」의 한 장면이다. 이 영화와 외양포는
아무런 연관이 없다. 하지만 영화가 발표된 1941년에는 일
장기 앞에 서서 일본어로 '황국신민서사'를 외우는 모습을
조선 땅 어디서나 볼 수 있었을 것이다.

坑澤奥

03

**일본까지
최단 거리**

———

부산

대한민국 대표 항구도시 부산. 우리나라 제2의 도시이자 제1의 무역항이다. 서울에서는 남동쪽으로 약 450킬로미터, 대한해협을 끼고 일본 시모노세키(下關)와는 약 250킬로미터 떨어져 있다. 일본과 체결한 강화도조약에 의해 1876년 2월 27일 부산포라는 이름으로 개항했다. 조선시대부터 왜관(倭館)을 통해 일본 교역의 요충지로 이용되었고, 개항 이후에는 대륙 침략 전쟁을 위한 물적·인적 강제 동원이 이루어졌다. 일제강점기에 대부분의 강제 동원 출발지는 부산항이었는데, 강제 동원자의 22퍼센트가량은 경상도 출신이었다.

1937년 7월 루거우차오(蘆溝橋) 사건으로 중일전쟁이 시작되었다. 1931년 만주를 침략한 뒤 중국 내륙을 공격할 빌미를 찾던 일본은 루거우차오에서 일본군과 중국군 사이에 일어난 작은 사건을 구실로 공격을 개시했다. 중국뿐 아니라 동북아시아 지역을 차지하기 위한 일본의 침략 전쟁이 시작된 것이다.

중일전쟁에 필요한 모든 군수물자를 총동원하기 위해 일본 제국은 1938년 국가총동원법을 제정한다. 이 법에 따라 일본은 전쟁 수행을 위해 칙령이 정하는 바에 따라 제국 신민을 징용해서 총동원 업무에 종사할 수 있게 되었다.

강제 동원된 지역은 중국, 일본, 사할린 및 쿠릴열도, 대만과 동남아시아, 태평양 중서부 일대 그리고 한반도 등이다. 1932년 중국 둥베이(東北) 지역에 만주국을 수립한 일본은 이 지역에 거주하던 조선인들에 대한 통제를 강화해갔으며, 중일전쟁 이후에는 이들을 전선에 강제 동원했다. 많은 조선인들이 중국 둥해안 16개 성(省)과 하이난섬(海南島) 등에 군인, 군무원, 노무자, 일본군 위안부로 강제 동원되었다.

그중 일본은 국외 강제 동원 지역 중 가장 많은 조선인이 동원된 곳이다. 일본으로 강제 동원된 조선인은 일본 기업이 운영하는 탄광과 군수공장 등으로 배치되었다. 현재까지 파악된 일본 내 강제 동원 작업장은 약 3,900곳으로, 최소 65만 명 이상의 조선인이 동원되어 강제 노동을 당했다.

아직도 그 피해 규모나 보상에 대해 구체적인 언급이 없는 곳은 바로 조선 안에서 진행된 강제 동원이다. 알루미늄의 원료인 명반석을 캐던 전남 해남의 옥매광산, 조선의 5대 구리 광산으로 일본의 스미토모사가 광산을 개발하여 조선인을 강제 동원했던 부산 기장군 일광면 광산마을, 인천시 부평구의 일본 육군 조병창 등이 바로 그 현장이었다. 국가총동원법이 시행된 이후 연인원 650만여 명이 한반도 안의 탄광·광산 토목 공사 등 8천여 곳의 작업장에 강제 동원되었다. 한반도 전체가 식민지의 감옥이자 강제 동원의 현장이었던 셈이다.

강제 동원의 참상을 국민에게 널리 알려 올바른 역사
의식을 고취하고, 인권과 세계 평화에 대한 국민 교
육의 장을 제공하는 것을 목적으로 건립되어 2015년
12월에 개관했다.

○ 국가총동원법

제4조 : 정부는 전시에 국가총동원상 필요할 때는 칙령이
정하는 바에 따라 제국 신민을 징용하여 총동원 업무에
종사하게 할 수 있다. 단, 병역법의 적용을 방해하지 않는다.
1938년 4월 공포.

○ 강제 동원

제국주의 일본이 아시아·태평양 지역에서 벌인 침략 전쟁에 조선인 청장년
을 군인, 군속, 노동자와 군 위안부 등으로 강제 동원한 것을 말한다. 전면
적인 강제 동원은 중일전쟁 이후 국가총동원법을 만들면서 시작되었다.
2004년 제정된 '일제강점하 강제 동원 피해 진상규명 등에 관한 특별법'에
서는 강제 동원 피해를 "만주사변 이후 태평양전쟁에 이르는 시기에 일제에
의하여 강제 동원되어 군인·군속·노무자·군 위안부 등의 생활을 강요당한
자가 입은 생명·신체·재산 등의 피해"라고 규정하고 있다.

○ 강제 동원과 「수난이대」

중학교 교과서에도 실려 있는 하근찬의 단편소설 「수난이대」에는 일제 강제
동원과 한국전쟁으로 다리를 잃은 아버지 만도와 아들 진수의 비극이 흐르
고 있다. 소설 속 부자의 사연은 그 시절을 관통해온 우리에게는 흔히 볼 수
있던 고통이기도 했다. 소설 속에는 "그들은 모두 자기네들이 어디로 가는 것
인지 알지를 못했다. 그저 차를 타라면 탈 사람들이었다. 징용에 끌려 나가는
사람들이었다. 북해도 탄광으로 갈 것이라는 사람도 있었고, 틀림없이 남양
군도로 간다는 사람도 있었다"라는 구절이 나온다. 북해도(홋카이도)는 소설
에서도 표현된 것처럼 탄광이 많았다. 남양군도는 지금의 미크로네시아의
섬들로, 제1차 세계대전 종결 이후부터 태평양전쟁 때까지 일본 제국의 지배
아래 있었다. 2010년 2월 25일, 일제강점하강제동원피해진상규명위원회가
발표한 조사 결과에 따르면 1939~1941년 당시 남양군도에 강제 동원된 조
선인 노무자는 5,800명이며, 주로 비행장 건설과 사탕수수 재배에 투입되었
다고 한다.

○ 강제 동원 징용자들 기증 사진

❶ 이순남

❷ 이완동

❸ 서종석

❹ 윤연수

❺ 정성득

❻ 김성회

❼ 박순덕

새벽닭이 울었는가 시계종이 석점친다

다섯시라 삼십분이 일갈시간 분명하다

첫종소리 일어나서 아침밥을 먹은후에

변도하나 싸여들고 항내의복 단속하여

정신없이 들어갈재 연초조사 엄중하다

항내옷을 전부입고 전등후다 타였도다

그전등을 이마위에 모자끝에 꼽아두니

무겁기도 한량없고 벗겨지기 잘도한다

가매같이 둥근전차 십이인이 타고보니

한차가득 되었도가 굼실굼실 가는전차

굴속으로 들어갈재 눈물흘러 생각하고

캄캄칠약 토굴속에 무엇하러 들어가노

행목으로 가는길은 칸칸이도 사다리라

두다리는 어이그리 아프기도 짝이없고

삽가리는 어이그리 무겁기도 그리없고

모자하고 전등불은 수없이도 벗겨진다

○ 「북해도 고락가」

1942년 12월 2일 미쓰비시광업(주) 오유바리(大夕張)광업소로 동원된 강삼술이 작성한 4음절 가사 형식의 글이다. 강삼술이 경북 예천군에서 동원될 당시의 상황과 이동 경로, 배정받은 작업장과 작업장의 환경, 탄광 생활 등이 구체적으로 나와 있고, 강제 동원된 곳에서의 외로움과 고통스러운 심리상태가 시적으로 잘 표현되어 있다.

내려가서 다다르니 왼통평지 내달는다

천장을 쳐다보니 동발나무 부러져서

삐죽삐죽 나온돌이 머리를 때릴것같고

허리한번 펴지못해 엎드려서 들어갈재

이리하라 저리하라 수수하기 시키건만

말모르는 이내병신 벙어리나 다름없네

돌아보니 조선사람 십여인이 있었으나

내지인이 주장이니 일어상통 뿐일너라

삽가래로 떠서넣고 얼른하라 재촉하니

일분도 쉬지않고 일분도 쉴틈없이

촘촘히 세운동발 무너지는 소리보소

가련하다 이내생명 어이하여 보전할꼬

별을보고 나간것이 별을보고 돌아왔네

열시간을 일을하나 열네시간 걸리더라

일을하고 집에온들 으느누가 반기리오

못갈너라 못갈너라 다리아파 못갈너라

요장에게 말을하니 성을내어 하는말이

일못하면 이곳에를 무엇하러 왔스리요

죽을죄를 쥔몸인가 형무소에 걸인같네

보이난니 다친사람 듣기나니 죽었단말

그것을 볼때마다 내눈이 놀래리오

두때는 밥을주고 한때는 죽을주니

생떼같은 장정들이 배가고파 못견디어

조선땅의 우리집은 저녁밥을 먹건만은

나는어찌 일을가나 삽을잡고 생각하니

이때쯤에 우리집은 잠을깊이 자건만은

여기나의 이내몸은 수만길 땅속에서

주야간을 모르고서 이와같이 고생인고

남모르게 나는눈물 억수많이 울었다오

– 「북해도 고락가」.

오사카의 공장에서 일하고 있던 중 북해도로 동원된 아버지가 사망했다는 소식을 들었습니다. … 부친의 장례를 치르고 난 후, 나는 다시 오사카로 돌아와서 징용공(徵用工)으로 일했습니다. 공장에서 기관차 부품에 구멍 뚫는 일을 하다가 기계에 손가락이 딸려 들어가서 손가락 두 개가 절단되었습니다. 스무 살도 채 되지 않은 어리다고 하면 어린 나이에, 나는 징용으로 내 청춘을 잃었고, 일본에서 아버지를 잃었으며 내 손가락 두 개를 잃었습니다.

– 전우식(1926년 충남 금산 출생. 1942년 부친 전해평은 홋카이도 소재 아사지노(淺茅野)비행장 동원, 1943년 전우식은 일본 규슈 소재 탄광과 오사카(大阪) 소재 기관차 제조공장 동원, 1946년 귀환).

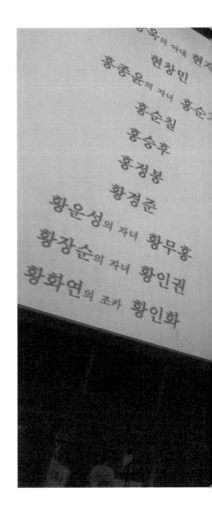

임금은 하루에 1원 30전 정도로, 한 달 월급은 13원가량 됩니다. 그런데 각종 명목을 빌려 다 떼고 나면 손에 쥐어지는 건 한 달에 5원 정도였습니다. 감독관 말로는 식비를 제외하고 나머지는 저금했다가 갈 때 준다고 말했는데 해방이 되고 나올 때도 저축한 임금은 받지 못했습니다.

– 주용근(1928년 전북 김제 출생. 1942년 가야누마(茅沼)탄광 동원, 1945년 귀환).

일본 땅에 와보니 배고파 못살겠네.

숯을 팔 때는 배고파 죽겠는데

그 말만 하면 몽둥이 맞았네.

배가 고파요.

어머니 보고 싶소.

십오세 소년은 몸이 아파서

하루 놀려다가 두드려 맞았네.

몽둥이 맞고서 굴 안에 끌려와서

천장이 떨어져서 이 세상 이별했네.

죽은 아 꺼내서 손발 만지면서

눈물 흘리면서 이름만 불러봤네.

눈물 흘리면서 천장만 쳐다봤네.

여기저기에서 죽은 사람은 많았는데

초상 치른 것은 한 번도 못 봤네.

– 지쿠호(筑豊) 탄광의 조선인 광부들이 부른 「아리랑」.

○ 관부연락선

"관부연락선을 타고 한국으로 건너가는 일본 사람들은 지배하기 위해서, 군림하기 위해서였고, 관부연락선을 타고 일본으로 건너오는 사람들은 그 잘난 생명을 이을 호구지책으로 노예가 되기 위해서였다." 이병주의 소설 『관부연락선』은 당시 조선과 일본을 오가던 관부연락선에 올랐던 이들이 얼마나 다른 처지였는지 말해주고 있다. 소설에서 표현된 관부연락선은 시모노세키에서 부산까지 운항하는 여객선으로 1905년 이키마루(壹岐丸)의 출항과 동시에 개통되어 제2차 세계대전(1939~1945)이 끝나면서 사실상 영업이 중단될 때까지 조선과 대륙으로 진출하는 일본군, 일본으로 끌려가는 징용자 등 3천만 명에 이르는 승객을 운송했다. 소설에서는 '관부(關釜)'라고 했지만 '부관(釜關)'이라고도 했다. 부산의 앞글자인 부(釜)와 시모노세키(下關)의 뒷글자인 관(關)을 딴 것이다. 일본에서는 종종 어순을 바꾼 관부연락선(關釜連絡船) 또는 관부항로(關釜航路)라고 부른다.

04

바다를
건너면

시모노세키

1939년 부산을 출발한 7천 톤급 대형 여객선 곤고마루(金剛丸)는 7시간 반 만에 시모노세키에 닿았다. 강제 동원된 조선인들은 요동치듯 흔들리는 배의 삼등칸 맨 밑바닥에 몸을 싣고 제대로 먹지도 못한 채 끌려와 이 항구에 내렸다. 그렇게 일본에 도착한 조선인들은 가까이는 규슈로 멀리는 홋카이도까지 노동이 필요한 곳이라면 어디든지 흩뿌려졌다. 전쟁을 위한 대규모 병력이 소모하는 군수품을 보급하기 위해서는 산업, 특히 공업과 운수업에 다수의 노동력이 필요했다. 또한 가장 중요한 에너지원이었던 석탄을 캐는 탄광이나 무기를 만드는 군수산업 현장에서도 막대한 노동력이 필요했다. 시모노세키에 도착한 이들이 주로 끌려간 곳은 탄광이나 제철소, 그들을 기다리는 건 한번도 겪어보지 못한 굶주림과 구타 그리고 가혹한 노동과 죽음이었다.

1939년 7월에 '조선인 노무자 내지(內地) 이주에 관한 건', 즉 조선 노동자를 일본 땅으로 데려올 수 있다는 법안이 발령되고 9월에 수립된 '노무동원계획'에 따라 강제 동원이 본격화되었다. 일본이 실시한 조선인 노무 동원은 모집(1939), 관알선(1942), 징용(1944) 등 다양한 방식으로 강제되었다. 형식적으로 모집은 자유의사에 따른다고 했으나 일본 기업이 원하는 노동자를 조선총독부가 지역과 수까지 할당해주었으며,

노동자들은 직종을 선택하거나 마음대로 그만둘 수 없었기 때문에 사실상 강제였다.

관 알선 단계에서는 조선총독부가 직접 노동자를 동원하여 일본으로 송출했는데 조선총독부는 할당량을 채우기 위해 응하지 않는 조선인들에게는 배급 등으로 협박했다. 징용 단계에서는 동원에 응하지 않을 경우 법으로 처벌받았기 때문에 강제력이 가장 강했다. 이렇게 해서 일본 등 국외로 강제 동원된 노동자는 일본 정부의 공식 자료에 따르더라도 최소 65만 명에 이르며, 군인·군속으로 동원된 조선인은 약 37만 명 정도다(1939~1945). 단, '위안부'는 빠진 수치다.

하지만 이 가운데 한국 정부가 피해 신고로 받은 피해 조사 총합계는 22만 6,583건이다. 아직도 많은 강제 동원 피해자들이 피해자로 인정받지 못하고 있다는 증거다. 해방이 되고 나라를 되찾은 지 76년이 지났지만 피해자들은 온전한 사과를 받지 못했고 피해 보상도 이루어지지 않고 있다. 국가가 나서서 피해자들의 권리를 찾아주고 사망자 명부에 적힌 조선인 이름 한 줄까지도 끝까지 찾아내 고국으로 모셔오겠다는 의지를 보여주어야 한다. 그래야 강제 동원의 진상이 규명되고 피해가 보상되며 국가 폭력으로 인한 피해가 반복되지 않을 것이다.

2015년 9월, 홋카이도 강제 동원 희생자 115명의 유해가 고국으로 돌아왔다. 처음 떠날 때와 반대로 시모노세키에서 부관페리를 타고 9월 18일 부산항에 도착했다. '70년 만의 귀향'이었다. 하지만 시모노세키에 도착했던 이들 중 많은 이들이 아직도 돌아오지 못하고 있다. 우리는 그들의 부재를 기억해야 한다.

○　시모노세키

일본 본토 혼슈(本州)의 최서단에 위치하며 일본열도 네
개의 섬 중 가장 남쪽에 있는 규슈와 마주 보고 있다.
서부 일본의 육해 교통의 십자로에 해당하는 곳에 있어
예부터 교통과 상업의 중심지로 번영했다. 청일전쟁에
서 압도적 승리를 거둔 일본이 1895년 청나라와 강화
조약을 맺은 곳이기도 하다. 시모노세키조약이 체결됨
으로써 청은 조선의 독립을 인정하고 일본은 조선에 대
한 정치, 군사, 경제적 지배권을 확립하게 되었다. 또한
조선통신사가 에도(江戶)로 가는 길에 묵었던 숙소인
아카마신궁(赤間神宮)도 이곳에 있다.

○　간몬(關門)터널

일본 본토인 혼슈의 야마구치현(山口縣) 시모노세키시와 규슈의 후쿠오카현 기타큐슈(北九州)시 사이를 잇는 해저터널. 1936년 9월 19일에 착공해서 1942년 11월 15일에 개통했다. 태평양전쟁이 한창일 때 개통되었는데 당시 일본은 제해권과 제공권을 미국에 빼앗겨 수세에 몰리는 상황이었다. 미국이 일본 본토를 위협하여 혼슈와 규슈를 연결하는 연락선 운행에 지장이 생기자, 일본의 지리적 특성상 각각의 본토가 고립될 우려가 있어 이를 해결하기 위해 물자가 부족한 중에도

최우선으로 공사를 진행했다고 한다. 총 450만 명의 노동자가 건설에 동원되었다. 당시 조선인 노동자가 상당수 공사에 투입되고 희생되었으나 남아 있는 순직비에는 조선인 상급 기술자 네 명만 기록되어 있을 뿐. 강제 동원으로 끌려왔을 하급 노동자들은 그 피해 규모나 희생자 파악조차 되지 않고 있다. 이 해저터널은 태평양전쟁 말기인 1945년 일본이 항복하지 않자 본토 결전으로 이어질 것을 대비해 미국이 군수물자 수송을 막을 목적으로 폭파하려 했으나 실행하기 직전 일본이 항복하면서 폭파를 면했다.

울 어머니가 '우리 득중이 살아와야 할 텐데' 그러고,
연락선 배를 타고 밤새 울었당게,
송아지 터트래기처럼 때 나간게로 많이 울었지.
'내가 다시 한국에 돌아올라나'
'울 어머니나 우리 동상은 못 보고 죽을라나'
그런 생각하고 내가 많이 울었지.

– 김득중(1926년 전북 익산 출생. 1944년 가미오카(上岡)광산에 강제 동원).

통영해저터널은 경상남도 충무시의 남쪽에 있는 통영과 미륵도를 연결하며, 수면 13미터 아래에 있는 길이 483미터, 너비 5미터, 높이 3.5미터의 동양 최초 해저터널이다. 일제 강점기 때 일본인 어민이 본격적으로 이주하면서 1928년 5월 부산－여수 간 남해 내항로를 위해 통영반도와 미륵도 사이에 운하를 착공했다. 터널은 1931년 착공하여 1932년 완공되었는데 일제는 여기에 도요토미 히데요시(豊臣秀吉. 1537~1598)의 벼슬 이름을 따서 '태합굴(太閤堀)'이라는 이름을 붙였다. 통영해저터널의 출입구 상단에는 당시 일본인 통영 군수 야마구치 아키라(山口精)가 '용문달양(龍門達陽. 용의 문을 통해 태양이 있는 곳에 도달한다)'이라고 쓴 글이 있다.

○ 기타큐슈

일본 본토 혼슈의 끝 시모노세키에서 간몬터널을 건너면 규슈의 기타큐슈시를 만난다. 이곳은 메이지 시대에 부근의 지쿠호 탄전 개발, 모지(門司)항과 와카마쓰(若松)항 건설, 철도 부설에 이어 1901년에 관영 야하타(八幡)제철소가 완공되자 중화학공업 우위의 공업지역이 되었다. 오사카와 더불어 기타큐슈가 있는 후쿠오카현에는 지금도 재일동포들이 많이 살고 있다. 그 배경에는 일제강점기 때 살길을 찾아 노동력을 팔기 위해 도항했던 제주도 주민들이 있다. 1919년 일본이 공업 호황기를 맞으면서 한신(阪神)공업지대에서는 제주도 노동자들을 모집하기 시작했다. 그 후 1922년 후쿠오카에 있는 미쓰비시탄광이 광부를 모집하자 제주도 주민들은 기타큐슈의 공업지대로도 진출했는데 당시 인원은 3,503명이었다. 불안한 식민지 경제생활과 노동 브로커에 의한 모집, 귀환자들의 지인을 유인한 재도항 등으로 1930년대 중반까지 일본으로 가는 조선인은 점점 증가했다. 1934년에는 도항자 수가 약 5만 명에 이르러 제주도 전체 인구의 25퍼센트에 달했다고 한다. 그러다 1930년대 말 강제 동원을 실시하면서 많은 조선인 노동자를 전선과 군수 산업에 배치하게 되었다. 광복 당시 200만 명가량의 조선인이 일본에 있었고 그 중 140만 명이 귀향했을 뿐 나머지는 일본에 남았다.

일본 본토 혼슈의 끝 시모노세키에서

간몬터널을 건너면

규슈의 기타큐슈시를 만난다.

○ 일본제철

일본제철은 여러 차례 분리와 합병을 거듭하며 강제
동원 피해자들조차 혼동할 정도로 이름을 자주 바꾸
었다. 일본제철의 출발은 1901년 관영 야하타제철소
가 운영을 시작하면서였다. 이후 1934년에 관영 야하
타제철소와 여섯 개의 민영기업 즉 와니시(輪西)제철,
가마이시(釜石)광산, 후지(富士)제강, 규슈제강, 도요제
철, 미쓰비시제철 등이 합쳐져 관영 일본제철이라는
대규모 철강 트러스트가 설립되었다. 하지만 제2차 세
계대전 이후 연합군총사령부에 의해 해체되어 야하
타, 후지 등 네 개의 민간회사로 분리되었다가 1970년
신일본제철주식회사(新日本製鐵株式會社)로 재합병된
뒤 최대 호황을 누린다.

2012년에는 신일본제철과 스미토모금속이 합병하여 신일철주금(新日鐵住金)이 발족되었다. 겉모습과 이름은 바뀌었지만 그 뿌리가 변한 것은 아니다. 하지만 강제 동원의 책임에 대해서만은 "신일본제철은 일본제철과 별개의 법인격을 갖는 회사"라고 주장하며 책임을 회피해오고 있다. 2019년 4월에 다시 일본제철로 상호를 변경했다.

○　야하타제철소

일본제철의 전신. 1901년에 세워진 일본 최초의 제철소로 일본에서 생산하는
철의 80~90퍼센트를 차지했다. 1945년 야하타제철소가 있는 기타큐슈가
원자 폭탄 투하지로 예정되었으나 기상 악화로 나가사키(長崎)로 변경되었다.

청일전쟁의 승리로 얻은 배상금을 가지고 1901년 일본 정부가 관영 제철소
로 세운 것이 시작이다. 이후 일본 중공업의 발전을 이끌었으며 1906년에는
일본 국내 철강 생산의 약 90퍼센트를 차지했다. 1934년부터는 관민(官民)이
협동으로 세운 일본제철이 관리했다. 기타큐슈시 지쿠호 탄광 지역의 풍부
한 석탄을 지원받아 일본의 침략 전쟁을 수행하며 군수산업을 발전시켰으
며, 제2차 세계대전 때까지 일본 내 철강 생산량의 절반 이상을 담당했다. 침
략 전쟁을 확대하면서 철의 수요가 늘자 부족한 노동력을 충당하기 위해 식
민지 조선에서 약 6천 명 넘게 노동자를 강제 동원했다. 1945년 패전할 때까
지 이렇게 생산된 철강으로 일본 제국은 군함과 어뢰, 전투기 등을 제작했
다. 패전 후 미군정이 추진한 재벌 해체 정책에 따라 일본제철은 1950년에
야하타제철, 후지제철, 하리마(播磨)내화연와, 일철기선 등 네 개 회사로 분
할되었다. 1970년에는 야하타제철과 후지제철이 합병되어 신일본제철이 되
었으며 2012년에는 신일본제철이 스미토모금속과 합병하여 신일철주금이
되었다. 2015년 야하타제철소는 메이지 산업혁명 유산으로 세계문화유산에
등재되었다.

○　 스페이스월드 테마파크(구 야하타제철소)

야하타제철소의 유휴지를 이용해 1990년 4월에 개장한 우주 테마파크다. 예전에 야
하타제철소의 본관 사무실과 노동자들 관사로 사용하던 막사는 대부분 호텔과 대규
모 놀이공원 시설인 스페이스월드로 바뀌어 당시의 분위기를 전혀 파악할 수 없다.

안내판에도 이곳이 한때 동양 최대의 제철소였으며 국익 창출을 위한 근대화의 유산
이었다고만 기록되어 있다. 일본에서는 학생들의 수학 여행지로, 한국에서는 젊은이
들의 일본 여행지로 인기가 있을 뿐, 누구도 테마파크와 일본제철 그리고 조선인 강
제 동원을 연결하여 생각하기는 쉽지 않을 것이다. 2018년 1월 폐장했다.

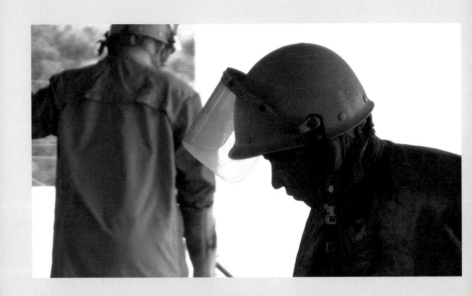

제가 일본제철과 일본 정부에 요구하고 있는 것은, 전쟁 중에 피와 땀으로 번 노동의 대가를 인정해주기를 바란다는 것입니다. 저는 도의적인 동정을 받고 싶은 것이 아닙니다. 당연히 받아야 할 노동의 대가를 요구하고 있는 것입니다. 전쟁이 끝나고 이미 65년이 흘렀습니다. 이제 나이가 아흔이 되기 때문에, 이후에 얼마나 더 살지 모르겠습니다. 참된 한일 관계의 발전을 위해 일본제철 회사가 무엇을 해야 할지 진지하게 고민하고, 피해자와의 대화에 나서야 할 때라고 생각합니다. 답변을 기다리겠습니다.

– 신천수(1926년생. 1943년 일본제철 오사카제철소에 강제 동원).
2012년 1월 피해자가 당시 미무라 아키오(三村明夫. 현 일본상공회의소 회장). 무네오카 쇼지(宗岡正二) 사장에게 보낸 편지 중 일부다. 민족문제연구소 제공.

○　　신일본제철주식회사에 대한 손해배상 청구 소송
　　(1997.12.24.~2003.10.9.・2005.2.28.~2018.10.30.)

1997년 일제강점기에 일본제철 오사카공장에 끌려가 강제 노동을 당한 여운택, 신천수가 일본 변호사들과 시민모임('일본제철 징용공 재판을 지원하는 모임')의 도움으로 오사카 지방재판소에 일본제철을 상대로 소송을 제기한 것을 시작으로, 2005년에는 이춘식, 김규수와 함께 한국 법정에서도 소송을 제기했다. 2018년 10월 30일 마침내 최종 승소 판결을 받아냈지만 전 대통령 박근혜 정권에서 확정판결이 지연되었고, 그사이 이춘식을 제외한 원고 세 명이 세상을 떠났다. 또 일본제철은 한일협정으로 해결되었으므로 원고들에게 배상하지 말라는 아베 신조(安倍晋三) 정권의 압력에 굴복하여 아직까지 확정판결을 이행하지 않고 있다.

– 2019년 식민지역사박물관 특별전 「빼앗긴 어버이를 그리며」 전시 원고 요약. 민족문제연구소 제공.

원래 영장(令狀)이 나와서 순서적으로 그렇게 가는 거지만 그 당시로 봐서
는 그것도 뭣도 없어요. 무조건 '가라 오라' 그랬어요. 뭐 명령이야, 명령.
명령이지 뭐 그냥 뭐. 죽으라면 죽고, 살라면 살고 그랬지.

― 조용섭(1924년생. 1944년 미쓰비시탄광·야하타제철소 강제 동원).

1942년 9월경 충청남도 서천에서 야하타제철소에 끌려갔다. 면서기(호적계)와 순사가 함께 와서 며칠까지 면사무소로 오라고 했다. 도망치면 부모들이 고통을 당하니까 어쩔 수 없이 징용에 응했다. 야하타제철소에서는 암모니아 비료를 생산하는 곳에서 일했다. 그 때 연합군 포로도 힘든 노동에 혹사당하고 있었다. 1943년 제철소를 탈출하여 와카마쓰의 이마무라(今村)제작소에서도 잡부로 일했다. 해방이 되어 귀국을 위해 시모노세키로 왔지만 승선권을 얻을 수는 없었다. 시모노세키에는 많은 사람들이 몰려들었다. 하루에도 몇십 명이 굶거나, 병들거나, 전염병으로 죽어갔다. 시체 치우는 일을 하면 승선권을 빨리 준다고 해서 열흘간 그 일을 하고 승선권을 받아 귀국할 수 있었다.

– 이천구(1927년생. 1944년 야하타제철소 강제 동원).

우리 모두는 1942년 2월 3일 그날을 기억합니다.

찬바람 불고, 눈 내리는, 겨울 바닷가

한 맺힌 절규와 절망의 목소리만 가득했던 그 바닷가,

제국주의의 군화 소리와 감시하는 병사들의 총검 소리

그리고 그날 아버지의 비명 소리,

어머니의 고통스러운 울부짖음,

어린이의 비명, 고함, 울음소리…

아… 이곳이 바로 지옥이었습니다.

지금 바닷속에서도 그렇게 하고 있습니까?

기나긴 지난 세월을 바로 저 바닷속에서 그렇게 하고 있습니까?

아버지!

이제 편안히 잠드십시오.

‒ 조세이(長生)탄광 추도문, 조세이탄광희생자대한민국유족회, 2013년 2월 2일.

○   조세이탄광

시모노세키가 있는 야마구치현에는 우베(宇部)라는 작은 도시가 있다. 이곳에는 조세이탄광이라는 해저 탄광이 있었다. 우베의 해저 탄광은 규슈 지역의 어느 탄광보다도 위험한 데다 높은 노동 강도로 인해 일본인 광부들에게도 외면받는 탄광이었다. 부족한 일자리를 채울 수 있게 된 것은 1939년부터 조선인을 강제 동원하면서였다. 배를 타고 이곳까지 끌려온 조선인 약 1,256명이 이 해저 탄광에서 근무했다. 전체 근무자의 80퍼센트가 조선인일 정도로 많아 '조세이'탄광은 '조센징' 탄광으로도 불렸다. 1942년 2월 3일, 해변에서 1천 미터 떨어진 갱도 안으로 바닷물이 유입되는 사고가 일어났다. 근무자들의 일부만 빠져나왔는데 탄광 회사는 2차 피해를 막는다며 갱도를 닫았다. 이 사고로 183명이 갱도 안에서 수장되었고 그중 136명이 강제 동원된 조선인 노동자였다. 조세이탄광은 사고 이후 원인 규명과 책임자 처벌을 하지 않았으며, 결국 1945년 일본의 패전과 함께 문을 닫았다. 하지만 감추어진 진실을 밝히고자 하는 시민들이 힘을 모아 2013년 조세이탄광의 흔적인 피아(pier. 바다 위에 있는 원통형 환기구)가 보이는 바닷가에 조선인 희생자 136명의 이름을 새긴 추도비를 세웠다.

○   조세이탄광의 피아(pier)

피아는 해저 탄광의 환기구이자 배수구다. 푸른 바닷속 보이지
않는 탄광의 존재를 증명하듯, 숨구멍 '피아'가 솟아 있다.

시모노세키 건너편의 기타큐슈에는 규슈조선중고급학교가
있다. 기타큐슈시를 비롯해 시모노세키에 사는 학생들까지
기차를 타고 통학하는 주요한 조선학교 가운데 한 곳이다.
조선학교는 일제강점기에 일본으로 건너간 조선인과 그 후
손들이 광복 직후 일본 전역에 세운 학교로 유치원부터 대
학교까지 포함하고 있다. "돈이 있는 자는 돈을, 힘이 있는
자는 힘을, 지혜 있는 자는 지혜를"이라는 모토로 자손들
에게 우리말과 역사를 가르치기 위해 설립된 민족 교육기
관이다. 하지만 일본 정부의 노골적인 차별과 혐한 단체의
공격, 재정난 등을 겪으면서 1946년 9월 당시 525개교에
이르렀던 조선학교는 2020년 말 현재 원래의 10분의 1 수

준으로 줄어든 상태다. 규슈조선중고급학교는 수년간 일본 정부의 '조선학교 고교 무상화 배제'의 부당함을 알리고 호소해왔지만 2020년 10월 30일 규슈 무상화 재판 항소심에서 고등법원은 항소기각이라는 판결을 내렸다. 변호인단은 후쿠오카고등법원의 부당판결에 항의하며 대법원에 상고했으나, 2021년 5월 27일, 일본최고재판소(재판장 미야마 다쿠야(深山卓也))는 상고를 기각했다. 대법원의 판단에 힘입어 일본 정부는 조선학교를 유치원·보육원무상화제도에서도 배제하고 있으며, 조선대학교 학생들에게 긴급지원금을 지원하는 것도 제외시키는 등 모든 세대에 걸쳐 차별을 하고 있다.

아래로
아래로

지쿠호

많은 한국인에게 지쿠호는 생소한 곳이지만 후쿠오카라는 이름은 익숙할 것이다. 제주도 올레길에서 전수받은 규슈 올레길 덕분에 한국인의 발길이 끊이지 않던 곳이다. 규슈 지역을 여행할 때 대부분 후쿠오카시에 내려 나가사키나 사가(佐賀), 가고시마(鹿兒島) 등으로 이동하게 된다. 거리도 가깝다. 후쿠오카시는 부산에서 직선으로 약 200킬로미터. 비행거리도 짧아 서울과 제주도의 절반 정도다. 일제강점기에도 역시 많은 조선인이 이곳을 거쳐 갔고 또 이곳에 남았다.

탄광 지대로 알려진 지쿠호는 후쿠오카현의 4대 지역 중 하나로 일본 석탄 생산량의 40~50퍼센트를 담당했을 정도로 일본 최대 탄광촌이었다. 지쿠호 탄전은 후쿠오카현 이즈카(飯塚)시를 중심으로 동쪽의 다가와(田川)시, 북쪽의 노가타(直方)시 등 세 개 도시를 둘러싼 일대를 가리킨다. 지쿠호 탄전 지역은 일본 최대 탄광촌이었던 만큼 숱한 조선인이 강제 동원된 곳이다.

지쿠호 탄전의 3대 지방 재벌은 가이지마(貝島), 아소(麻生), 야스카와(安川) 탄광으로, 이곳 역시 수많은 조선인 노무자가 동원되었다. 1944년 1월 말 후쿠오카현 경찰부 특별고등과가 조사한 자료에 따르면, 아소광업소에 동원된 조선인은 7,996명이며 그다음은 가이지마 오노우라(大之浦) 탄광으로 7,930명의 조선인 노무자가 동원되었다. 가장 많은 조선인이 동원된 아소광업소는 일상적인 폭력과 장시간 노동 등 열악한 환경에서 조선인 노동자들이 혹사당한 곳으로, 조선인 노동자 7,996명 중 4,919명이 도주했다고 조사될 만큼 악명이 높았다.

대일항쟁기위원회 활동결과 보고서에 따르면 미쓰이그룹은 한반도와 일본 등 각지에서 219개의 작업장을 운영하며 조선인과 중국인 등의 노무자를 강제 동원했다. 281개의 작업장을 운영했던 미쓰비시그룹에 이어 두 번째로 많은 숫자다. 미이케탄광은 1997년 3월 마지막 경구를 닫고 폐광을 선언했다. 당시 지하 창고에 보관되어 있던 조선인 노무자들에 대한 각종 자료는 폐광되면서 모두 소각되었다고 한다.

강제 동원되어 참혹한 시절을 겪은 이들이 아직 살아 있지만 미쓰이, 미이케, 아소 탄광 들이 있던 이 자리를 조선인 강제 동원의 시공간으로 기억하는 일본인은 거의 없다. 2015년 세계문화유산으로 등재되면서 오히려 일본의 메이지 산업혁명 유산으로만 기억되고 있다.

○　다가와시

1900년 미쓰이다가와광업소(三井田川鑛業所)가 설립되면서 다가와시는
지쿠호 지역 최대의 탄광 도시로 번영했으나, 1964년 미쓰이다가와광업
소가 문을 닫은 뒤에는 인구가 전성기의 절반 가까이 감소했다.

○ '일본의 메이지 산업혁명 유산' 세계문화유산 등재

유네스코 세계유산위원회는 2015년 7월 5일, '일본의 메이지 산업혁명 유산: 철강, 조선, 석탄산업'을 세계문화유산으로 등재하면서 일본 정부에 '전체 역사(Full history)'를 기록할 것을 권고했다. 한국에서 문제 제기한 강제 노동에 대한 내용을 분명히 하여 관람객들이 '전체 역사'를 이해할 수 있도록 조치를 취하라는 것이었다. 당일 총회 석상에 참가한 일본의 사토 구니(佐藤地) 주유네스코 일본 대사는 위원회의 권고를 충실히 이행하겠다고 약속했다.

"일본은 1940년대에 일부 시설에서 수많은 한국인과 여타 국민이 의사에 반해 동원되어(brought against their will) 가혹한 조건하에서 노역을 했고(forced to work under harsh conditions), 제2차 세계대전 당시 일본 정부도 징용 정책을 시행했다는 사실을 이해할 수 있도록 조치를 취할 준비가 되어 있다"고 밝혔다. 또 "일본은 정보센터 설립 등 피해자들을 기리기 위한 적절한 조치를 (자문기구인 국제기념물유적협의회(ICOMOS)가 권고한) 해석 전략에 포함시킬 준비가 되어 있다"고 말했다. 세계문화유산으로 등재된 메이지 산업혁명 유산 총 23개 시설 가운데 '군함도'를 포함한 일곱 곳에서 조선인 강제 노역이 있었다는 사실을 인정하고, 이들을 기리기 위한 후속 조치를 하겠다는 방침을 밝힌 것이다. 하지만 사토 구니 대사가 충실히 이행하겠다고 약속한 '전체 역사'는 어디에서도 찾아볼 수 없다.

○　　다가와시 석탄역사박물관

지쿠호 탄전 가운데 최대 규모를 자랑하는 미쓰이 소유의 다가와광업소에
있는 박물관으로 1983년에 개관했다. 이타(伊田) 수갱로(竪坑櫓) 자리에 지어
졌으며 약 1만 5천 점의 석탄 관련 자료와 2011년 유네스코 세계기록유산으
로 등재된 야마모토 사쿠베(山本作兵衛)의 탄광 기록화 등을 소장하고 있다.

다가와시 석탄역사박물관에서 방송되는 한국말 안내. 전체를 모두 받아 적었지만 어디에도 조선인 강제 노역이 있었다는 사실을 인정하는 설명은 없다. 다음 장에서 소개되는 나가사키의 군함도 역시 관람객에게 소개되는 내용에는 '전체 역사'에 대한 설명은 없다.

큰 굴뚝 두 개가 우뚝 솟아 있습니다. 높이는 약 45미터, 메이지 41년 즉 1908년에 완성된 굴뚝입니다. 그 굴뚝 밑에는 보일러실이 있었습니다. 보시고 있는 수갱로는 높이가 28미터로 영국 양식의 백스테이 형식이라 불리는 것입니다. 현재 제2 수갱로는 남아 있지 않지만 같은 규모의 것이 하나 더 건설되었습니다. 수갱로의 깊이는 300미터 이상이었습니다. 다가와시의 심벌이라 할 수 있는 두 개의 굴뚝과 수갱로는 헤이세이(平成) 19년 즉 2007년에 국가지정문화재로 등록되었습니다. 지쿠호에서 본격적으로 채탄하기 시작한 것은 메이지 10년 즉 1877년에 일어난 세이난(西南)전쟁 때부터입니다. 그로부터 약 100년, 지쿠호 탄전은 일본 출탄량의 약 절반을 담당하던 시기도 있어 일본의 근대화를 지속해서 이끌어왔습니다.
이것은 채탄 현장의 풍경을 재현한 디오라마입니다. 좌측의 디오라마는 수작업으로 채탄하는 모습입니다. 곡괭이를 쥐고 석탄층을 파서 무너뜨리고 있는 남성을 사키야마(先山), 가라이테보라 부르는 바구니를 짊어지고 석탄을 모아 운반하는 여성을 아토야마(後山)라고 합니다. 주로 이 두 사람이 한 조로 석탄을 파내고 있었습니다. 이런 현장을 단조기리하(男女切り羽)라고 합니다. 그 후 채탄에 기계를 사용하게 되면서 장벽식 채탄이라고 하는 방법이 취해지게 됩니다. 채탄과 운반도 기계화되었습니다. 기계로 석탄층을 깎아낼 때는 대량의 석탄가루가 공기 중에 떠다닙니다. 떠다니는 이 석탄가루에 인화되면 폭발합니다. 이것을 탄진폭발이라고 합니다. 전시된 기계 채탄 영상은 미쓰이 미이케의 기계 채탄 모습입니다.

— 다가와시 석탄역사박물관 안내 방송.

7시에 시작해 7시까지 열두 시간 일해야 해.
굴을 비우지 않고 3교대로 돌아가면서 그렇게 일을 하지.
나올 때 성해가지고 나온 사람이 몇 명 안 돼.
다리가 잘라졌다, 손이 잘라졌다, 어디가 깨졌다, 뭐 부상자가 3분지 2는 돼.

— 박용식(1927년생. 1944년 지쿠호 탄전 강제 동원).

그때 나는 청춘의 문턱에 올라선 열일곱밖에 되지 않은 사내였다. 식민지에 태어났다는 숙명, 자신의 악운, 군국주의의 강권, 강제 노동에 의한 자유의 박탈, 이런 압박들은 나의 몸뚱이를 짓이기고 있었다. 그것은 나 혼자만에 대한 것은 물론 아니었다. 몇십만 징용인들이 겪고 있는 똑같은 운명이었다. 나는 개, 돼지만도 못한 이런 비인도적 처우에 대해서 목청껏 소리를 지르고 싶었다. "이놈들아! 우리에게 무슨 죄가 있느냐. 어쨌다고 이런 곳으로 끌고 와 고생을 시키느냐. 그리고 내 청춘을 어떻게 보상할 작정이냐. 나라를 위한다고 하지만 너희들은 전쟁의 미치광이들이다." 땀과 눈물이 범벅이 되어 입술을 적셨다. 짜고 미지근한 액체를 소매를 끌어당겨 닦았다. 그러나 아무리 한탄하고 슬퍼해도 이 비참한 처지에서 벗어날 길은 없었다.

― 이흥섭(1927년생. 1944년 사가현 가라쓰(唐津)탄광에 강제 동원).

저 사람들이 저런 것을 다 메워버리고 나면 그러면 우리 역사는 다 지워지는 것 아닙니까? 그러면 우리 아버지 어머니가 여기서 고생하고 눈물 흘리고 죽고 살고 그 역사가 다 있는데 전부 다 무너져가고 있다. …이거 그대로 나는 모른다 하고 가만히 있으면 그 역사는 어디서 찾느냐. 나는 그렇게 생각했습니다. 나 자신이….

– 재일동포 고 김광렬의 기록.

국가기록원에서 재일동포 고 김광렬(1927~2015)이 40년 넘게 직접 찾아다니며 모으고 정리한 귀한 기록물을 만나게 되었다. 그는 지쿠호 지역의 300개가 넘는 사찰을 일일이 찾아다니며 조선 동포의 흔적을 하나하나 모으고 정리했다. 그는 관련자를 찾아다니며 이야기를 듣고 녹음하고 사진을 찍었다. 탄광이 문을 닫는다는 소식을 들으면 사무실로 찾아가 명부를 열람하고 손으로 베껴 적었으며 비석 하단 내부에 있는 위패를 찾아내 사진을 찍었다고 국가기록원에서 발간한 사진집 『기억해야 할 사람들: 강제 동원, 김광렬 기록으로 말하다』는 전하고 있다. 특히 이 지역 45개 기업과 관련된 시찰을 수차례 방문해 조선인 사망자 관련 기록과 유골 현황을 수집했다. 기록물 가운데 다수는 조선 동포의 사망 기록과 유골 자료다. 후쿠오카현 지쿠호 지역을 중심으로 강제 동원의 흔적을 추적한 김광렬의 기록은 강제 동원 관련 사망 기록(노무자 명부(名簿), 과거장(過去帳), 매화장(梅花帳) 인허증 등), 일기, 자필 원고, 메모 등 문서와 현장을 답사하고 증언을 인터뷰하면서 직접 촬영한 사진과 필름, 캠코더 영상 테이프, 녹음테이프 등 다양한 매체들로 구성되어 있다. 그 기록은 2,306권 13만 8,579장에 이르는 문서와 500여 개의 녹음·동영상 기록 그리고 1,200여 철 4만 5천여 장에 이르는 사진 기록과 도면 등 방대한 분량이다. 기록물 가운데 '가이지마 오노우라 제6·7갱 탄광 직원 명부'가 있다. 1900~1950년대 이 탄광의 직원 정보를 기록한 것으로 전체 8,486명 가운데 1,896명이 조선인(본적 기준)으로 추정된다. 이 명부에는 이들의 이름과 생일, 본적, 호주, 가족 관계, 고용 날짜, 해고 사유, 해고 날짜 등이 담겨 있다. 또한 강제 동원 현장의 모습을 확인할 수 있는 오노우라 7갱 노천에서 일하는 조선인 사진 네 장도 공개되었다. 그는 억울하게 죽은 동포 단 한 명의 이름이라도 더 찾아내어 그들을 기다리고 있을 가족들의 품으로 돌려보내기 위해 수집과 연구를 놓을 수 없었다고 일기에 적었다. 그의 기록은 국가기록원에 기증되어 조선인 강제 동원 사망자 명부를 보완하고 추가 사망자를 확인하며 향후 유골 봉환 사업 등에도 소중한 자료로 활용될 예정이다.

○　한국인징용희생자위령비
후쿠오카현 다가와시의 탄광으로 강제 동
원되어 희생된 재일 조선인 징용자를 추
모하기 위해 재일본대한민국민단 다가와
지부와 한국인징용희생자위령비건립위원
회는 1988년 4월에 다가와시 석탄기념공
원 안에 있는 석탄역사박물관 옆에 위령
비를 건립했다.

이 세상에 사는 모든 생물은 다 저마다의 삶을 누리고자 한다. 새는 하늘에서 날고 물고기는 못에서 뛰노는 것은 그들이 모두 때를 만나 마음껏 그들의 삶을 즐기는 것이다.

미물(微物)이라도 이러하거늘 하물며 만물(萬物)의 영장(靈長)이라는 인간에 있어서야 말해 무엇하랴.

대한제국 말기 병합이라는 이름 아래 일본은 불의를 자행한 일이 많은데 그중 하나는 제2차 세계대전 시 한국인을 강제로 징용해다가 희생시킨 일이다.

정든 고국과 부모처자 형제자매 친지를 떠나 산 설고 물설며 풍속과 인정이 다른 이국땅에 끌려와 전쟁에 투입되고 노역에 시달리다가 몽상에서도 그리던 부모처자 고국산천을 보지 못하고 이 세상을 떠나갔으니 그 원통한 한이야 어느 때 가시랴.

무정한 세월은 흘러 이제 40여 년이 되었으며 세상은 많이도 변했다. 더 세월이 흐르면 이런 처참한 일도 묻힐 것 같기에 이 땅에 살고 있는 동포 일동은 한 조각 돌비를 세워 비색(否塞. 운이 다함)한 국운을 만나 수많은 가신 님들의 원혼을 길이 위로하고, 다가오는 세상에는 이런 불행한 일이 다시 일어나서는 안 되겠다는 경계의 징표로 삼고자 하오니, 명계의 영령이시여, 지난 원한을 모두 잊으시고 고이고이 잠드소서.

– 한국인징용희생자위령비.

○ 미이케탄광

규슈 오무타(大牟田)시 일대에 있는 일본 최대 탄광으로 1889년부터 미쓰이 자본이 소유했다. 정부가 운영할 당시부터 석탄 운반에 죄수들을 강제 노동 시켰다. 일제강점기 동안에는 조선인 9천여 명이 강제 동원되었으며, 그 외에도 수많은 중국인, 연합군 포로가 강제 동원된 곳으로 유명하다.

○   미이케탄광 미야노하라(宮野原)갱

1898년 미쓰이가 최초로 개발한 갱구로, 형무소인 미이케슈지칸(三池集治監)에 수용된 죄수들에게 가혹한 노동을 강요한 곳으로 유명하다. 미이케탄광은 미야노하라갱과 만다갱(萬田坑), 전용철도 등이 메이지 산업혁명 유산으로 지정되었다.

달이 뜨네 달이 뜨네 달이 뜬다네.

미이케탄광 위로 달이 뜬다네.

굴뚝이 너무 높지 않나요?

연기가 달을 찌를 것만 같아요.

○ 미이케탄광 만다갱

일본 최대의 갱구인 미이케탄광의 주력 갱. 1902년 개
업한 만다갱은 1951년 채탄을 중지하기 전까지 일본
최대의 석탄 생산지였다. 일본의 메이지 산업혁명 유
산 23곳 중 하나다.

달이 뜨네 달이 뜨네 달이 뜬다네.

미이케탄광 위로 달이 뜬다네.

굴뚝이 너무 높지 않나요?

연기가 달을 찌를 것만 같아요.

난 나중에 돈으로 가득 찬 베개를 베고 잘 거예요.

달빛이 들어오는 막사에 눕고 싶어요.

당신과 함께 당신의 팔에 안겨서

난 그런 삶을 살고 싶어요.

— 「다가와 광부의 노래」

도망칠 수 없는
지옥

―

나가사키

나가사키는 17세기 중엽 일본이 서양을 향해 열어둔 유일한 문이었다. 1653년(효종 4) 제주도에 표류한 네덜란드 상인 하멜의 원래 목적지 역시 나가사키였다. 유럽과의 무역을 통해 경제적인 안정을 찾은 일본은 1868년 메이지유신(明治維新)을 단행하고 1889년 '대일본제국헌법'을 반포하기까지 20년 동안 서구 문명을 받아들여 아시아에서 가장 먼저 근대화를 이루며 제국주의의 발판을 마련했다.

태평양전쟁과 나가사키를 연관 지어 생각할 때 빠질 수 없는 것이 '미쓰비시' 그리고 '원폭 투하'일 것이다. 미쓰비시는 1873년 이와사키 야타로(巖崎彌太郎)가 세운 미쓰비시상회라는 작은 상회에서 출발했지만 군국주의 성장에 힘입어 급속도로 군수 재벌이 되었다. 1857년에 탄생한 일본 최초의 함선 수리 공장인 나가사키용철소(長崎鎔鐵所)는 관영 나가사키제철소, 나가사키조선국으로 이름을 바꿨다가 1884년 미쓰비시가 경영하면서 나가사키조선소가 된다. 1887년 미쓰비시는 시설을 불하받고 1893년 '미쓰비시 합자회사 미쓰비시조선소'로 이름을 바꾼다.

태평양전쟁 당시 나가사키는 전쟁의 주동력이던 미쓰비시 군수산업의 요람이자 상징이었다. 미쓰비시는 일본의 초대형 전함 무사시(武藏)를 비롯해 수많은 군사용 선박을 건조한 조선소, 일본군이 사용한 어뢰의 80퍼센트를 만들었다는 병기 제작소, 그 밖에 제강공장과 각종 탄광 등 일제 침략 전쟁을 뒷받침하던 작업장들을 나가사키 곳곳에서 가동했다. 그때까지만 해도 나가사키는 일본 최초의 '개항 도시' 혹은 '순교자의 도시', '메이지 산업의 중심 도시'였다. 그 덕분에 경제적으로 부흥을 맞았고 인구도 많아졌다.

하지만 1945년 8월 6일 히로시마(廣島)에 리틀보이(Little Boy)가 투하된 데 이어 8월 9일 팻맨(Fat Man)이 나가사키에 떨어짐으로써 나가사키는 '두 번째로 원자폭탄이 투하된 도시'로 남게 되었다. 나가사키 원폭 투하 6일 후인 8월 15일, 일본은 연합군에 무조건 항복을 선언했다.

하시마섬(端島)은 1887년부터 채굴을 시작한 미쓰비시 소유의 해저 탄광이며 군함도로 알려져 있다. 멀리서 보면 섬 전체의 모습이 마치 군함 같다고 해서 일명 군함도 즉 군칸지마(軍艦島)로 불렸고, 태평양전쟁 말기에는 조선인과 중국인이 강제 동원되어 지옥과도 같은 노동에 시달렸다고 해서 광부들 사이에서는 '지옥섬'이라고도 했다. 미쓰비시광업은 다카시마(高島)탄광에 이어 1890년 하시마탄광을 인수했다. 일본의 메이지 산업혁명 유산 중 군함도를 비롯해 야하타제철소, 나가사키조선소, 다카시마·미이케탄광 등지에는 조선인 3만 3,400명이 강제 동원되었다. 특히 하시마섬에서는 1943년부터 1945년 사이 500~800명의 조선인이 강제 노역을 한 것으로 알려져 있다.

하시마 탄갱은 다카시마 탄갱으로부터 이어받은 기술을
토대로 개발된 탄광 섬입니다. 1890년부터 미쓰비시의
소유가 되었으며, 이후 다카시마탄광(다카시마, 하시마
등 해양 탄광군)의 주력 탄갱이 되었습니다. 양질의 석탄
을 생산하며 국내외에 석탄을 조달하고, 야하타제철소에
제철용 원료탄을 공급했습니다. 또한 하시마에는 고층 주
택이 건설되었으며, 최전성기에는 약 5,300명이 거주했
습니다. 하지만 에너지 정책의 전환으로 석탄 수요가 줄
면서 1974년 폐광되어 무인도가 되었습니다. 지금은 탄
갱 입구 등 생산시설의 옛터와 수차례에 걸쳐 확장된 해
안선을 나타내는 호안의 유구(遺構. 건축물 흔적)가 남아
있습니다. 이러한 섬 안의 일부를 볼 수 있도록 견학 통로
와 견학 장소를 정비한 하시마는 2009년 4월부터 군함
섬 상륙 투어를 시작했습니다.

　　－『메이지 시대 일본의 산업혁명과 나가사키의 근대화 유산』한국말 안내
　　　책자.

매일 바다 밑으로 1천 척(약 300미터)을 들어간단 말야.

그래야 석탄이 나오거든.

여름 겨울 없이 팬티 하나 차고서는 땀이 나도 며칠을 해버려 그냥.

거기서 나오면 귀신 같다고, 목욕탕에 와서 자기 얼굴 형상을 쳐다보면 귀신 같아.

도망가다가 50리 못 가서 잡혀오고 30리 못 가서 잡혀왔지.

잡히면 밧줄로 그냥 후려갈겨서 피가 묻어나오고 살이 묻어나오고…

참혹해서 보지를 못했어.

— 최장섭(1929년생. 1943년 하시마섬 강제 동원).

거기는 감옥이나 마찬가지야.

사면이 바다라 도망 나가고 싶어도 어떻게 도망을 치겠어? 포기할 수밖에 없지.

전라남도 어딘가 해안가에 살다 온 사람이 헤엄쳐서 탈출을 시도한 적이 있는 것 같은데, 실패해서 나중에 죽었다고 들었어. 그렇게 가까운 거리도 아닌데 헤엄쳐서 건너는 건 무리지.

— 전영식(1921년생. 1944년 하시마섬 강제 동원).

우리에게는 군함도로 더 많이 알려진 하시마섬은 일본인들도 많이 찾는 관광지 중 하나다. 2015년 유네스코 세계문화유산으로 지정된 후 관광객이 많이 늘어 나가사키 최대 관광지가 되었다고 한다. 2017년 7월 촬영을 위해 찾아갔을 때 역시 뜨거운 한여름 날씨인데도 관광객이 북적였다. 학생들이나 가족, 친목 모임 등 다양한 그룹이 여행사 가이드를 따라 섬을 둘러보고 있었는데 가이드가 어떤 내용을 말하는지 궁금해서 안내하는 목소리를 녹음했다가 돌아와 번역해보았다. 일본인들에게 하시마섬이 어떤 곳으로 인식되고 있는지 잘 보여준다.

마지막으로 안내해드릴 장소인데요, 정면에 보이는 건물은 모두 주거 공간이에요. 섬에서 주거 공간이 보이는 곳은 이곳뿐이죠. 당시 생활에 대해 소개해드릴게요. 정면에 보이는 저 건물이 계속 소개해드렸던 일본에서 가장 오래된 철근콘크리트 아파트입니다. 지어진 것이 다이쇼(大正) 5년, 1916년입니다. 구조는 다다미 여섯 장짜리 방으로 되어 있어요. 그리고 1층에 20개의 방이 있습니다. 이곳에서 보면 그렇게 많아 보이지 않을 거예요. 그런데 위에서 보면 이런 형태를 하고 있어요. 입 모양처럼 6미터 사방 안에 원이 있어서 사면에서 바다를 볼 수 있어요. 1층에 20개의 방이 있고 7층에는 140개의 방이 있는데요, 지어질 당시에는 4층 건물이었는데 증축한 거예요. 그 흔적을 지금도 볼 수 있는데, 이쪽 바다 쪽에 문 있는 쪽을 봐주세요. 4층까지는 출창(出窓. 벽면보다 밖으로 튀어나온 창)이 있는데 5층부터는 출창이 없어요. 이것이 지금도 알 수 있는 증축 증거라고 보시면 됩니다. 그러니까 지금도 일본 주류를 이루는 RC건축법, 즉 철근콘크리트 아파트는 여기에서부터 시작되었습니다. 그리고 왼쪽의 건물은 '헤(히라가나 へ)' 자처럼 되어 있어요. 이 건물이 파도를 피하기 위한 방조탑입니다. 그리고 조금 전에 말한 벨트컨베이어가 관통한 건물이 저 건물입니다. 안에서 두 번째 창문 아래쪽 2층과 3층 사이에 큰 입구가 있는데요. 거기서 벨트컨베이어가 나와서 24시간 364일 선탄(選炭)하고 남은 돌이 여기를 통과했습니다.
— 하시마섬의 일본인 가이드 안내 방송(번역 정세정).

○　　미쓰비시 나가사키조선소

일본 최초의 중공업 조선소다. 제2차 세계대전 당시
일본 해군의 군함을 독점 공급했으며, 태평양전쟁과
한국전쟁 때 대기업으로 성장할 수 있었다. 6천여 명
의 조선인 노동자가 강제 동원되었으며 1945년 원자
폭탄 투하로 희생된 조선인 노동자의 정확한 수는 지
금도 밝혀지지 않았다.

○　　미쓰비시 나가사키조선소 구 목형장(木型場)

1898년 나가사키조선소 안에 지어진 목형장이다. 배
의 부품을 대량으로 만들어내기 위한 공장으로, 부품
의 형태를 찍어내는 거푸집을 제조하는 데 필요한 목
형을 만들었다. 이곳에도 조선인 노동자가 강제 동원
되었다. 탄광과 항만을 한데 묶어 메이지 산업혁명
유산으로 등재한 미이케탄광의 경우와 달리 나가사
키조선소는 목형장, 드라이독(dry dock), 크레인을
각각 세계문화유산으로 등재해 지정을 받았다.

○ 나가사키 원폭 중심지

1945년 8월 9일 아침, 나가사키 439미터 상공에서 원자폭탄이 폭발했다. 남쪽의 미쓰비시제철소, 북쪽의 나가사키 군수공장 사이에 있다.

○ 나가사키 평화공원

2003년 '그라운드 제로'라 불리는 원자폭탄 낙하 중
심지와 그 북쪽의 언덕에 세워진 공원이다. 비참한 전
쟁을 다시는 되풀이하지 않겠다는 맹세와 세계 평화
의 소원을 담아 마련되었다. 북쪽 언덕 위에는 공원을
상징하는 평화기념상이 있는데, 높이 9.7미터, 무게
30톤의 청동으로 사람의 형상을 하고 있다. 하늘을
가리키는 오른손은 '원폭의 위협'을, 수평으로 뻗은 왼
손은 '평화'를, 살짝 감은 눈은 '원폭 희생자의 명복'을
비는 의미가 담겨 있다고 한다.

○   검은 추도비

평화공원의 후문 밖에는 나가사키 유일의 한인 원폭 피해자 추
도비가 세워져 있다. 검은 추도비 옆에는 '나가사키 재일 조선
인의 인권을 지키는 모임'에서 만든 안내문이 있다. 안내문에는
"…일본에 강제 연행으로 끌려와 강제 노동을 당한 조선 사람
은 1945년 8월 15일 일본 패전 당시 236만 5,263명에 이르렀
으며 나가사키현에도 약 7만 명이 거주하고 있었다(내무성 경
보국 발표). 나가사키시 주변에는 약 3만 수천 명의 조선 사람
이 살고 있었으며 그들은 미쓰비시 계열의 조선소, 제강소, 전
기·병기 공장과 도로, 방공호, 군수 공사장 등 토목 공사장들
에서 강제 노동을 당하고 있었다. 1945년 8월 9일 미군의 원
자폭탄 투하에 약 2만 명의 조선 사람이 피폭했으며 그중 약
1만 명이 폭사했다. 우리들 이름 없는 일본 사람들이 얼마간의
돈을 모아 이곳 나가사키시에서 비참한 생애를 보낸 1만여 명
의 조선 사람을 위하여 추도비를 건설했다"라고 되어 있다.

도망칠 수 없는 지옥 — 나가사키   156 ┊ 157

○ 　다카시마탄광

다카시마탄광은 다카시마섬을 비롯해서 하시마섬, 나
카노시마(中ノ島) 탄갱을 총칭하는 말이다. 다카시마섬
은 나가사키항에서 서남쪽으로 14.5킬로미터 떨어진
섬으로 이오지마(伊王島), 하시마섬과 함께 해상 탄전
을 이루던 곳이다. 나가사키에는 육지나 섬 지하로 굴
을 파 들어가 바다 밑 수백 미터 아래까지 채굴하는
탄광이 여럿 발달해 있었는데 그중에서도 다카시마섬
은 증기기관을 갖춘 일본 최초의 근대적 탄광이자 최
대 해저 탄광으로 널리 알려졌다. 본래 감옥 노동, 즉
죄수들의 노동력으로 개발되어 사측의 노무 관리가
가혹하기로도 유명했다.

○   다카시마섬의 항공사진.

○ '일본의 메이지 산업혁명 유산' 관련 시설의 조선인·중국인·연합군 포로 동원 규모

강제 노동 현장	조선인	중국인	연합군 포로
야하타제철소	야하타제철소 약 4,000명 야하타항운 약 4,000명 후타세탄광 약 4,000명	− 201명 805명	1,353명 − 601명
나가사키조선소	약 6,000명	−	약 500명
다카시마탄광 (다카시마·하시마)	약 4,000명	409명	−
미이케탄광	약 9,264명	2,481명	1,875명
가마이시제철소 가마이시탄광	1,263명 약 1,000명	288명	401명 410명
계	약 33,400명	4,184명	5,140명

* 야하타제철소에는 야하타항운과 후타세(二瀬)탄광을 관련 시설로 포함하여 강제 동원 수를 합계했다. 미이케탄광은 만다갱·미야우라갱·요쓰야마갱·미카와갱에 강제 동원된 수의 합계다. 민족문제연구소·강제동원진상규명네트워크 엮음. 『일본의 메이지 산업혁명 유산과 강제 노동』. 민족문제연구소·강제동원진상규명네트워크. 2017.

유네스코 세계문화유산으로 지정된 '일본의 메이지 산업혁명 유산: 철강·조선·석탄산업'은 규슈와 야마구치 지역을 중심으로 에도시대 말기인 1850년대부터 메이지 말기인 1910년까지의 '산업혁명' 관련 시설들이다. 메이지 산업혁명 유산은 8개 현에 총 23개의 시설이 있으며, 이 가운데 규슈와 야마구치의 5개 현에 산업유산 시설이 집중되어 있다.

07

누군가는
그곳에서

—

나가노

도쿄에서 서북쪽으로 약 200킬로미터 떨어진 나가노(長野)시는 1998년 동계 올림픽을 개최한 일본의 대표적인 산악지대다. 해발 3천 미터 이상의 높은 산으로 둘러싸여 고요하기만 한 나가노에는 일본 제국의 마지막 요새가 숨겨져 있다.

1944년 7월 일본의 식민지였던 사이판이 미군에게 함락되었다. 항복을 모르던 일본 제국의 운명은 이때부터 달라졌다. 사이판에서 도쿄까지는 고작 2,400킬로미터여서 미국의 전략 폭격기였던 B-29가 한 번에 왕복할 수 있는 거리였다. 이는 일본 본토가 미군의 작전 반경 안에 들어왔다는 것을 의미했다.

1944년 7월 중순, 도조 히데키(東條英機) 내각은 국체 보유(천황을 중심으로 하는 국가 체제 유지)를 위해 대본영(大本營)과 궁성(宮城), 관청, NHK 라디오 등 중추 기관이 이전할 방공호 건설을 계획한다. 대본영이란 청일전쟁 때 처음 설치된 기관으로 천황의 직속 군대 최고 통수 기관, 즉 참모본부를 뜻한다.

1944년 11월 나가노 근교의 산악 지역 마쓰시로(松代)에 전시 최고 통수 기관인 대본영을 옮기기 위한 지하호(地下壕) 공사를 시작했다. 이른바 '본토 결전'에 대비하기 위해 도쿄 '궁성(현재의 황거(皇居))'에 있던 대본영을 마쓰시로에 지하호를 마련해 옮기려는 것이었다.

1944년 11월에 시작한 마쓰시로 대본영 지하호 공사는 1945년 4월이 되자 80퍼센트 이상 완공되었으며, 부분적으로는 내부 설비까지 갖추었다. 높이 3미터, 너비 4미터, 총 길이 10.1킬로미터(조잔(象山) 6킬로미터, 마이즈루야마(舞鶴山) 2.5킬로미터, 미나카미야마(皆神山) 1.6킬로미터)에 달하는 대규모의 지하호였다.

여러 연구에 따르면 이 공사에는 1만여 명의 일본인과 조선인이 동원되었으며 그중 7천 명가량이 조선인이었다고 한다. 동원 인원이 정확히 얼마나 되는지에 대해서는 기록이 남아 있지 않지만 실제로 대본영 지하호 안에는 죽은 동료의 얼굴, 그리운 고향 마을 이름, 한글로 추정되는 글귀 등 조선인 노동자들의 흔적이 곳곳에 남아 있다.

○　마쓰시로

에도시대에 융성했던 마쓰시로번(藩)의 중심지. 마을
곳곳에 성곽과 고택 등 당시의 유적이 남아 있다.

○ 마쓰시로 대본영 지하호

태평양전쟁 말 천황을 비롯한 전쟁 지휘 본부를 이전하기 위해 구축한 대규모 지하 벙커. 이 시기 지하호 공사는 크게 마쓰시로를 둘러싼 세 개의 산으로 나누어 진행했다. 조잔 지하호는 총면적 1만 9,369제곱미터에 정부의 각 관청과 일본방송협회, 중앙전화국 등이, 마이즈루야마는 대본영 시설과 천황 주거 시설이, 미나카미야마는 식량 창고와 지역 주민의 방공호 등이 들어설 예정이었다.

나가노가 대본영의 이전지로 결정된 것은 크게 다섯 가지 조건 때문이라고 한다.
1. 신슈(信州. 나가노의 옛 이름)는 신들의 마을이라는 뜻의 신슈(神州)와 발음이 같다.
2. 10톤 폭탄도 버틸 수 있을 정도로 암반이 굳건하다.
3. 지하호 근처에 비행장도 건설할 수 있다.
4. 평지가 많고 공사하기가 쉽다. 이 때문에 노동자의 거주지와 자재 창고를 확보할 수 있다.
5. 민가가 드물어 기밀 보유가 쉽다.

1944년 7월에 도조 내각이 대본영 지하호 건설을 승인했고 9월에는 육군 장관이 착공 명령을 내렸다. 10월부터는 조선인 노동자 숙소가 세워지기 시작했다. 그리고 11월 11일 11시, 대본영 지하호 굴착을 위한 첫 다이너마이트가 터졌다.

○　조선인희생자추도평화기념비

마쓰시로 대본영 지하호 건설공사에 조선인들도
강제 동원되었는데, 이때 희생된 조선인을 추도
하기 위해 1995년에 지역의 시민들이 뜻을 모아
평화기념비를 세웠다.

○   조잔 지하호

주요 정부 관청과 NHK가 이전하기로 예정되었던 곳.
마쓰시로 지하호 중 규모가 가장 크다. 동서 방향으로
20개, 남북 방향으로 10개의 터널이 얽혀 있다.

○   조잔 지하호의 조선인 노동자 흔적

조잔 지하호에는 대구부(大邱府. 대구의 과거 이름)라
는 글씨와 죽은 노동자의 얼굴 그림으로 추정되는 조
선인 노동자의 흔적들이 남아 있다.

불과 몇 숟가락밖에 되지 않는 적은 음식에 놀라고 있는 동안에 현장 감독의 집합 신호가 떨어졌습니다. 배가 고파 허리를 움츠리듯 하면서, 지붕이 같이 붙은 다른 합숙소 사람들과 광장에 모이면, 한국 사람들만의 점호가 시작되었습니다. 도망친 사람들은 없는지, 이름을 일일이 불러 확인하는 것이었습니다. 이름은 모두 일본식으로 개명한 것이었습니다. 전원의 점호가 끝나면, 천황이 살고 있는 동쪽 하늘을 향하여 머리를 깊이 숙여 절을 합니다. 뿐만 아니라 이윽고 군복을 입은 사나이가 와서, "우리들은 황국신민이다, 충성을 다하여 나라에 보답한다"라는 등 어려운 맹세의 다짐을 합창하게 합니다. '천황 폐하에 따르는 신민으로서 나라를 위하여 열심히 일하겠습니다'라는 뜻입니다. 그러나 이 가운데는 누구 하나 진짜 일본인은 없습니다. 군복을 입은 사나이는, 입이 무거운 '제하'들을 위협하며, 몇 번이나 되풀이하여 맹세하게 했습니다.

– 와다 노보루, 강세훈 옮김, 『김형제의 십자가』, 도서출판 열린아트, 2003.

○   와다 노보루의 『김형제의 십자가』

와다 노보루(和田登)의 『김(金)의 십자가』는 『김형제의 십자가』라는 제목으로 2003년 한국에서 번역 출판되었다. 야마다 덴고(山田典喬) 감독이 극화한 애니메이션도 있는데 이는 1994년 8월 15일 KBS에서 광복절 특집 다큐멘터리로 방영되었다. 마쓰시로 대본영에 강제 동원된 두 형제의 실화 소설로, 이야기는 가까스로 살아남은 형이 나무판자에 적힌 한글을 발견하면서 시작된다.

○　마이즈루야마 지하호

전쟁 지휘 본부인 대본영과 천황 주택, 천황 관계 관
청인 궁내성이 이전할 예정이었던 지하호. 현재 기상
청 지진 관측소로 사용되고 있다.

○ 천황 임시 숙소

08

온 섬이
눈물 구멍

제주도

암호명은 '결호작전(決號作戰)'. 태평양전쟁 말기 일본군이 일본열도와 제주도의 절대 사수를 위해 수립한 작전이었다. 태평양전쟁에서 연합군의 공세가 거세지는 가운데 일본군은 1944년 사이판 전투에서 미군에게 패배하고, 이어 필리핀해 해전에서도 참패하자 1945년 초 일본은 그제야 자신들이 패전할지도 모른다는 현실을 인식하게 되었다. 당시 일본 제국은 '1억 총옥쇄'를 외치며 결사적으로 저항했다.

결1호인 홋카이도를 시작으로 도호쿠(東北), 간토(關東), 도카이(東海), 간사이(關西), 규슈에 이어 제주도는 결7호 지역이었다. 일본 본도를 지키는 일곱 번째 옥쇄로 제주도를 꼽은 것이다. 미군이 제주도를 거쳐 규슈 북쪽으로 상륙할 것을 가정한 것이었다.

일본 본토를 지키려면 빠른 시간 안에 제주도를 공격과 방어를 위한 진지로 최적화해야 했다. 당시 제주도에 만들어진 비행장만 네 곳이었다. 알뜨르(아래 벌판이라는 뜻) 외에도 제주시 정뜨르(활터가 있는 들이라는 뜻. 현재의 제주국제공항)에 육군 서비행장이, 조천읍 진드르(긴 들이라는 뜻)에 육군 동비행장이 만들어졌다. 조천읍 교래리에는 비밀 비행장 건설까지 추진되었다. 이뿐만이 아니었다.

제주도 올레길 10코스는 바다와 나란히 걷는 송악산이다.

송악산 주차장에서 전망대 쪽으로 오르다 보면 해안가에 구멍이 뚫린 것을 볼 수 있다. 바다를 향해 나란히 서 있는 굴은 자연동굴이 아니라 일제가 만든 해안 진지다. 현재 확인되는 동굴 진지는 해안에 17곳, 그 위쪽 절벽에 한 곳이 있으며, 길이는 5미터부터 40미터까지 다양하다.

송악산의 반대편이라 할 수 있는 성산일출봉에도 같은 모양의 해안 동굴이 18개가 있다. 벙커형 동굴 진지는 길이가 6~7미터 정도이며 콘크리트로 견고하게 구축되어 있다. 그리고 황우지 해안에도 12개의 동굴 진지가 있다. 같은 모양의 동굴 진지는 수월봉에도 있다.

이렇듯 제주도를 걷다 보면 옥색의 바다와 만나는 해안 절벽 여기저기에 뚫려 있는 동굴 진지를 볼 수 있다. 해안에서 한라산 쪽으로 고개를 돌리면 작은 화산 봉우리인 오름이 곳곳에 펼쳐진다. 거인 설문대 할망이 제주도와 육지 사이에 다리를 놓으려고 치마폭에 흙을 담아 나르다가 떨어뜨리는 바람에 만들어졌다는 바로 그 전설의 오름들이다. 제주도에는 이런 오름이 368개 정도 있고 그 오름 중 3분의 1이나 되는 약 120곳에 일본군 진지가 구축된 것으로 확인되고 있다.

이렇듯 제주도에는 덮을 수도 없고, 감출 수도 없는 수많은 동굴이 남아 있다. 모두 다 거대한 눈물 구멍이다.

○　알뜨르비행장

알뜨르는 제주 말로 '아래 벌판'이라는 뜻이다. 송악산을 지나 모슬포항에 이르는 너른 들판이 바로 알뜨르다. 사진 속에 커다란 무덤처럼 보이는 작은 둔덕들이 바로 당시에 만들어진 격납고들이다. 1926년부터 제주도 주민을 강제 동원해 지어진 알뜨르비행장은 일본군이 중국 본토를 공격할 목적으로 1935년부터 1944년까지 운영한 185만 제곱미터 규모의 비행장이다. 격납고와 대공포 진지, 방공호 등이 남아 있다.

나가 처음 일한 데는 진드르, 진드르에서 먼저 일하고
그다음 별도봉 와서 굴 좀 파다가 또 정뜨르 가서 일
하고, 진드르비행장에서 일할 때가 2월 달. 2월 말경
에 일했지. 일하는 시간은 하루에 보통 12시간, 13시
간. 해 뜨면 일하고 해가 지면 천막에 들어오고 말이
여. 뭐, 인자, 아침에 해 뜸과 동시에 밥 먹어가지고 바
로 일 나가서, 해 져야 들어오니까 무조건. 그 당시에
는 시계가 있어? 뭐가 있어? 동물같이 그냥 살았으니
까 몇 시간 일하고 그런 것도 없고요.

– 김자봉(1930년생. 진드르비행장·별도봉 갱도 진지 구축, 정뜨
　　르비행장 노무 동원).

그러니까, 어떻게 하느냐 하면, 공구리(콘크리트)로 전부 쳐, 이렇게 집 모양으로 하면 거기 비행기가 싹 들어가게 하고, 이 위에는 흙을 덮어서 풀을 심고 위장하는 거지. 위에선 모르게 해서 비행기를 땅속으로 들어가게 만드는 거지. 깊이는 안 들어가. 그거 만들 때 바당(바다)에서 자갈도 갖고 가고, 여기서 망치로 돌담 부수면서 갖고 가서 만든 거라. 그때에 모슬포가 훈련소가 됐주게 훈련 비행기도 많아 있었주. 일본 비행기 연습기는 날개가 위, 아래로 있는 '아까돔보'지. 전투비행기도 많이 있었지만은, 주로 연습기들이 많이 와서 훈련을 했지. 이젠, 우리나라에서 군인들이 와서 주둔하면서 다시 하고 있지.

– 문상진(1926년생. 모슬포(알뜨르) 비행장에 노무 동원).

○ 알뜨르비행장 지하 벙커

일본 해군 비행장의 부속 시설. 콘크리트 구조체 위쪽에
돌무더기를 쌓아 동산처럼 만든 뒤 나무로 가렸다. 미군의
공습에 대비한 지휘소 겸 통신시설로 건설되었다.

UNDERGROUND

○   벙커식 격납고

알뜨르비행장 주변에는 비행기를 숨기기 위해 벙커식
격납고 20여 개를 만들었다. 현재는 19개가 남아 있다.

○ 가마오름 동굴 진지

일본군 최고 지휘부가 주둔하기 위해 구축된 동굴 진지. 태평양전쟁 당시 제주도에 주둔하던 일본군이 제주도 전역을 조망하면서 전투를 총지휘하기 위해 만든 군사시설이다. 당시 일본군은 제주도 서부 지역인 모슬포 또는 고산리로 상륙할 미군에 대비해 한경면 가마오름 지하에서 정상부까지 동굴식 갱도를 뚫어놓았다. 가마오름 동굴 진지는 3층으로 된 초대형 미로형 구조이며 모두 17곳으로 이루어졌고 출입구는 33곳에 이른다. 총길이는 2킬로미터 이상이 될 것으로 보인다. 2006년 12월 국가등록문화재 제308호로 지정되었다.

○   셋알오름 일제 고사포 진지

태평양전쟁 말기, 미군의 일본 본토 상륙에 대비하여
만든 알뜨르비행장을 보호하기 위해 구축된 군사시설
이다. 야트막한 오름은 내부를 파내어 탄약고로 사용
했으며 탄약고 위쪽 오름 정상 부근에는 항공기를 사
격하는 데 쓰이는 고사포(高射砲) 진지를 만들었다. 철
근콘크리트 구조의 원형으로 두 군데 설치되어 있다.

거기서 굴을 파다가, 나는 무슨 책임을 했는고 하니까, 나이도 제일 연소하니까, 불미! 대장장이지. 대장간에서 손으로 불을 지펴서 쇠 놓으면 호미도 만들고, 그걸로 곡괭이도 꺾어진 것은 구워서 임시 쓰려고 만드는 일을 했지. 거기서 한참 일하는 어간인데 미국 B-29, 이게 바로 날아와. 폭격이 온단 말이지. 그게 아마도 6월 달일 거라. 폭격이 오면 우리는 굴 안으로 피신하는데 그 고사포 진지에서 비행기를 쏘아. 막 쏘았자 B-29 높이까지 미치나? 그 고사포! 왜놈들이 그때도 이제 같으면 해병대여, 그 왜놈군인들이. 그때는 육전대라고 하더구만. '리쿠젠타이, 리쿠

젠타인데, 에~, 공습이 오랐다 하면은 그 고사포 있는 진지에 배치 붙어서, 아주 첨, 비영기(비행기)가 바로 오면은 막 쏘아. 그 고사포에서. 아이구, 형편없이 쏩더구만, 그런데, 비행기는 높이 있고, 고사포가 얼마나 올라가게? 그러니까 내려오면 내려오는 걸 쏘려고 하는 거지, 왜놈들이. 미군기는 피해가 없어, 당초. '꽝' 하면은 고사포 연기가 꽉꽉 나. 비영기는 더 높이 빈찍빈찍(번쩍번쩍)하는데, 고사포 진지는 굴 있는 알오름 거기 있어. 그것뿐이라. 네 갠가. 우리가 바로 거기서 일했주게.

– 강희경(1930년생. 모슬포 노무 동원. 알오름 갱도 진지 구축, 대장간·시설부에서 일함).

○ 수월봉 일제 갱도 진지

제주도의 동쪽 끝은 해가 뜨는 성산포이고 서쪽 끝은
수월봉이다. 이곳은 아름다운 석양뿐 아니라 해안 절벽
을 따라 선명하게 드러난 화산 퇴적물을 만날 수 있는
곳이다. 유네스코가 인정한 세계지질공원이기도 한 이
귀하고 아름다운 화산 절벽에는 일제강점기 때 만들어
진 일본군 진지가 있다. 이 진지는 태평양전쟁 때 미군
이 고산리 지역으로 진입해 들어올 것에 대비해 갱도에
서 바다로 직접 발진하여 전함을 공격하는 자살특공용
보트와 탄약 등을 보관하던 곳이다.

○ 송악산 해안 동굴 진지

송악산 해안 절벽에는 15개의 인공 동굴과 두 개의 해
식동굴을 볼 수 있다. 이 굴들은 성산일출봉 주변의
인공 동굴처럼 어뢰정을 숨겨놓고 연합군의 공격에
대비했던 곳이다. 일본군은 해상으로 들어오는 연합
군 함대를 향해 소형 선박으로 자살 폭파 공격을 하기
위해 해안가에 군사시설을 만들었다.

뒷날부터는 송악산 굴을 파는데 모살(모래)이 반이나 되어서 조금 찍으면 자르륵 털어지고, 자르륵 털어지고 하는 데야. 그렇게 해서 사흘을 굴을 파는데, 이렇게 해서 보니까 파가면서 널착(널빤지)으로 받치는 거라. 육지에서 온 노무자들한테도 나무 받쳐서 작업하라고 여러 번 얘기를 했어. 그래서 마리(마루) 놓듯이, 그렇게 파면서 들어갔는데 나흘을 자면서 일했나? 그렇게 일하는데 천장을 보니까 쇠(소)만큼 돌도 담고, 흙도 담고 한 게 매달려 있는 걸 파질 못해. 미치지 못해서. 이젠, 아래쪽에 판 거를 내쳐두고 그거 떨어뜨리려고, 삽질해서 담으려고 하니까, 그때 조천 아일 거라. 죽고 삶은 모르는데, 삽질하려고 그거를 엎어져서 삽질하다 보니까 그게 갑자기 그 아이 위에 떨어져서 눌러버렸어, 그만. 하~이고, 사람 죽는다고, 모여들어서 삽질하고, 하간 거 하면서 발이 보이니까 발을 잡아당겨 끌어냈지. 끌어내서 보니까 등이 꺾어져버리고, 입에 피를 물어서 말도 몰라버리고, 가이(그 사람)가 조천 아일 거라.

— 고남경(1924년생. 송악산·멍껄·어승생오름·몰래물 등에서 일함).

작업 시간은 아침에 점호해서 식당에서 밥 먹고 나가면 들어오는 시간이 끝나는 시간이니까 정확히 시간을 모르겠어. 그저, 오후 5~6시가 돼서 해가 질 무렵쯤 되면 들어오니까 뭐.

일 좀 게으르게 보이면 구타당하지. 소대장 오장(伍長), 일본군이 구타해. 일본 사람들은 때리는 게 뺨을 잘 때려. 이 다물라고 해서, 그저 이거라(반주먹 쥐는 모양). 반주먹 쥐어서 때리지. 그렇지 않고 좀 뭐하면, 빠따. 요새 빠따지 그거. 그걸로 때리지만, 소소한 일로 때릴 때는, 이 다물라고 하면은, 이건 몇 대 얻어먹어질 것이라고 생각해야지게.

— 고석돈(1924년생. 모슬포 진지 구축. 어승생오름 갱도 진지 구축).

○　성산일출봉 해안 동굴 진지
자살 폭파 공격 때 사용한 수상 특공 병기 '신요(震洋)'를 보관하기 위해 만들어진 동굴 진지.

근디 이건 인자 바다고, 근디 여기 딱 굴, 요만 요렇게 굴을 파고들어간단 말이여.
이거이 어디에 필요하냐 그러면, 요만한 배가 있는디….
여기다가 인자 교라이(어뢰), 미사일을 실었단 말이야. 그러면 여기 인자 사람이
요리 탔다.
그 작전을 뼁 하니 성산, 성산 해안가를 뼁 둘러가며 팠지.
하나, 하나 파는데 들어간 거이 보통 한 7~8명? 한 10명.
그때는 인제 이 굴, 돌이니께 전부 이 손으로 망치로 두드려서 일하거든.

인자 요리 두드리 구녕 뚫어갖고. 뚫어갖고 거기다가 인자 다이너마이트 넣어갖고 터트리는 거야.

그런께 하루 요만씩밖에 못 들어가지.

인자 그래 갖고 인자 발파해놓으면 그놈이 좀 굵은 놈이 있고 인자 그러니 저, 여 박힌 놈이 있으니께 그놈 파는 곡괭이지.

곡괭이는 별로고 주로 인자 그걸 노미라고 해요잉 정. 정을 갖고 인자 때리 파는 거여.

— 장한종(1922년생. 1945년 성산일출봉 해안 동굴 진지 구축 동원).

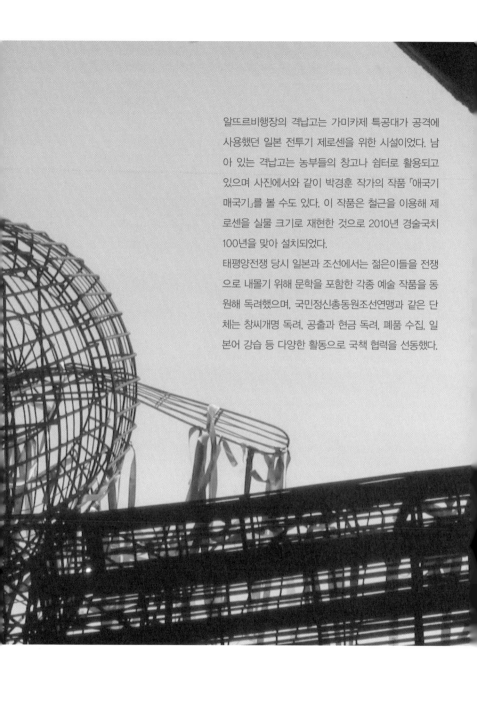

알뜨르비행장의 격납고는 가미카제 특공대가 공격에 사용했던 일본 전투기 제로센을 위한 시설이었다. 남아 있는 격납고는 농부들의 창고나 쉼터로 활용되고 있으며 사진에서와 같이 박경훈 작가의 작품 「애국기 매국기」를 볼 수도 있다. 이 작품은 철근을 이용해 제로센을 실물 크기로 재현한 것으로 2010년 경술국치 100년을 맞아 설치되었다.

태평양전쟁 당시 일본과 조선에서는 젊은이들을 전쟁으로 내몰기 위해 문학을 포함한 각종 예술 작품을 동원해 독려했으며, 국민정신총동원조선연맹과 같은 단체는 창씨개명 독려, 공출과 현금 독려, 폐품 수집, 일본어 강습 등 다양한 활동으로 국책 협력을 선동했다.

너와 나는 동기의 벚꽃

같은 병학교의 뜰에 핀

피어 있는 꽃이라면 지는 것은 각오

멋지게 지자 나라를 위해. (1절)

...

너와 나는 동기의 벚꽃

같은 항공대의 연병장에 핀

저녁노을이 지는 남쪽 하늘에

아직도 돌아오지 않는 일번기. (3절)

– 일본 군가 「동기의 벚꽃(同期の櫻)」 중 일부로
태평양전쟁 때 가미카제 특공대가 출격 전에 불렀던 노래.

엄마보다 나라가 중하지 않으냐.

가정보다 나라가 크지 않으냐.

생명보다 중한 나라 그 나라가 지금 너를 나오란다. 너를 오란다.

조국을 위해 반도 동포를 위해 나가라.

오냐! 지원을 해라 엄마보다 나라가

중하지 않으냐 가정보다 나라가 크지 않으냐.

생명보다 중한 나라 그 나라가

지금 너를 나오란다. 너를 오란다.

조국을 위해 반도 동포를 위해 나가라.

폭탄인들 마다하랴 어서 가거라.

엄마도 너와 함께 네 혼을 따라 싸우리라.

– 모윤숙, 「내 어머니 한 말씀에」, 『매일신보』 1943년 11월 12일 자.

09

죽음을
명령하다

지란

제2차 세계대전이 막바지로 치닫던 1944년, 일본이 장악하고 있던 태평양의 여러 섬이 잇따라 미군에게 점령당하고 일본 본토의 최전선으로 여겨졌던 오키나와까지 위협을 받게 된다. 패색이 짙어가자 일본 군부는 '특별한 공격'을 고안해내는데 이것이 바로 '가미카제 특별공격대'였다.

흔히 가미카제라고 불리는 이 공격은 미쓰비시에서 생산된 제로센(0식함상전투기(零式艦上戰鬪機))에 250킬로그램의 폭탄을 싣고 날아가 연합군 함대에 동체(胴體)와 함께 부딪히는 작전이었다.

첫 출격은 1944년 10월 25일로, 필리핀 레이테만의 미군 함정을 공격하면서 시작되었고 1945년에는 오키나와를 방어하기 위해 1천 명이 넘는 특공대원이 가미카제 공격을 했다. 가고시마현, 미야자키현(宮崎縣), 구마모토현(熊本縣) 등에서 1,036명의 특공대원이 출격했으며 전원 사망한다. 이 중 439명(중계 기지 포함)이 지란(知覽) 기지에서 출격했는데 이 가운데 조선인은 11명으로 기록되어 있다.

지란은 일본 가고시마현 미나미큐슈(南九州)시에 있으며, 차(茶)로도 유명하다. 태평양전쟁 때에는 일본 육군의 최대 가미카제 특공 기지인 지란 기지가 있었다. 1941년 육군 비행학교 지란교육대로 시작한 이곳은 일본 규슈 섬의 최남단에 위치해 있어, 가장 많은 특공 조종사들이 출격한 곳이기도 하다. 이곳에는 지금 이름만으로도 모순을 담고 있는 '특공평화회관'이 있다. 가미카제 특공대원들이 출격했던 기지에 세워진 박물관이므로 여기서 말하는 '특공'이 가미카제를 뜻한다는 것은 의심의 여지가 없다.

1975년 특공유품관으로 문을 열었다가 관광객이 늘어나자 1987년 현재의 이름인 특공평화회관으로 확장하여 개관했다. 비행장 터는 물론 급수탑과 상륙 훈련시설, 방화수조, 탄약고 등이 남아 있으며 1980년 해저에서 발굴된 일본 전투기도 전시되어 있다. 또한 특공대원들이 쓴 유서와 편지 등 1만 4천여 점의 자료가 보관·전시되어 있다.

지란 기지는 10대 후반에서 20대까지의 젊은이들이 조국을 위해 '죽을힘을 다해 싸운 것'이 아니라 '죽기 위해 출격했던 곳'이다. 그런데 이곳에 평화라는 이름을 달고 전쟁과 죽음이 전시되어 있는 것이다.

전쟁의 가해 사실 대신 피해의 기억만을 강조하는 이곳에서 우리는 분명하게 물어야 한다. 이 기지는 어떤 이들의 노동과 죽음으로 건설되었는지, 여기서 출격한 젊은이들은 무엇을 위해 목숨을 버려야 했는지 말이다.

○　가미카제

가미는 신(神), 가제는 바람(風)이라는 뜻으로 '신이 일으키
는 바람'이라는 의미이며 가미카제는 폭탄이 장착된 비행
기를 몰고 자살 공격을 한 일본군 특별공격대를 말한다.
사진은 가미카제 두 대의 공격을 받은 미국의 항공모함
USS 벙커힐의 모습이다. 그러나 이와 같은 주력함에 대한
성공 사례는 극히 드물었다.

○ 　지란특공평화회관

태평양전쟁 때 지란 기지에서 출격했던 자살특공대원
들의 훈련 모습, 명단, 사진, 유품, 유서, 장비 등 관련
자료와 기체 등을 전시해놓은 박물관이다.

"우리의 부족한 전력을 최대치로 올릴 수 있는 유일한 방법이 있네.
그것은 자살특공대를 결성해서 제로센 전투기에 250킬로그램의
폭탄을 싣고 각각의 전투기로 적함을 향해 돌진하여
충돌하는 거지… 내 생각이 어떤가?"

— 오니시 다키지로(大西瀧治郎. 일본 제국 해군 중장).

특공이란 특별 공격이라는 뜻으로, 조종사가 폭탄을 장착한
전투기를 타고 그대로 적진을 들이받는 육탄 공격을 말합니
다. 이것은 조종사가 죽을 수밖에 없는 작전이었습니다. 또
한 특공은 가미카제라고도 불리며, 당시 일본의 특공 작전
은 조직적으로 이루어진 군사 목표에 대한 전투 행위로, 무
고한 일반 시민을 무자비하게 공격하는 자폭 테러나 자살행
위와는 다릅니다. 해군에서는 1944년 10월부터, 육군에서
는 1944년 11월부터 시작된 특공 작전은 1945년 8월 종전될
때까지 계속되었고 약 4천 명이 사망했습니다. 그 후 지란
정(知覽町), 현 미나미큐슈시는 1975년 지란특공평화회관을
건립하고 두 번 다시 전쟁의 비극이 되풀이되면 안 된다는
메시지를 전하고 있습니다.

— 지란특공평화회관 안내문 중.

지란특공평화회관은 가미카제가 출격했던 지란 기지에 세운 기념관이다. '전쟁의 비극이 절대 되풀이되지 않기를 바라는 평화의 메시지를 전달하기 위해…' 기념관의 이름에 '평화'를 넣었다고 박물관은 설명하고 있다. 하지만 당시 이 작전의 성공률은 고작 6퍼센트, 전세에는 아무런 영향도 끼치지 못하는 무모한 죽음이었다. 젊은이들은 이곳에서 조작된 애국심을 강요받았고, 세월이 흘러 이곳을 찾는 이들은 왜곡된 평화를 기원하고 있다. 이곳 어디에도 수많은 젊은이를 비극적인 죽음으로 몰아넣었던 과거에 대한 참회나 반성은 없다.

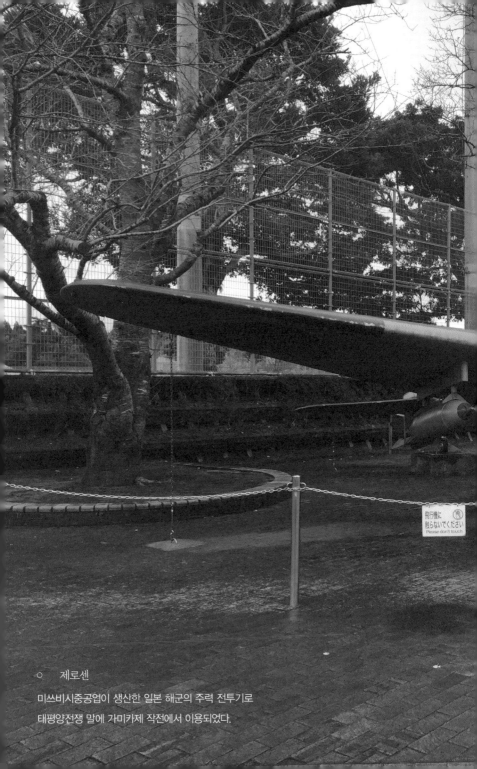

○ 제로센

미쓰비시중공업이 생산한 일본 해군의 주력 전투기로

태평양전쟁 말에 가미카제 작전에서 이용되었다.

역사를 지키는 동포여, 각자가 특공대가 되어 이 역사를 영원히 지켜주
시오. 그것이 우리가 나길 길이라고 생각해주세요.
아버지 어머니, 이 불효자를 용서해주세요. 부모님께서 용서해주신 걸
로 알고 용감하게 전장에 나가겠습니다.
야스쿠니(靖國)의 부름을 받은 몸 안녕히….

– 박동훈(조선인 가미카제. 1945년 3월 29일 오키나와에서 전사. 당시 17세)
 만주국 '만주전선' 라디오 녹음 자료.

○　아리랑의 노래

지란특공평화회관 입구 왼편에는 돌비석이 하나 서
있다. 비석에는 "아리랑 노래 소리도 멀리 / 어머니의
나라를 그리워하며 진 사쿠라 사쿠라"라는 노랫말이
새겨져 있다. 이 비석은 조선인 가미카제 11명을 기려
세워졌다. 하지만 이름도 남기지 못한 조선인 특공대
원은 그보다 더 많았을 것이다.

바다에 가면

물에 잠긴 시체

산에 가면

풀이 돋은 시체

천황 폐하의 곁에서 죽는다면

편안히 죽을 수 있으리.

— 일본 제국의 가곡이자 군가 「바다에 가면(海行かば)」.

○ 이오지마(硫黃島) 전투

태평양전쟁 중 가장 치열한 전투이자 미국이 일본의 본거지를 공격한 첫 전투였다. 1945년 2월 19일, 미군 해병대가 이오지마에 상륙했다. 미군은 이오지마에 있는 두 개의 비행장인 지도리(千鳥)비행장과 모토야마(本山)비행장을 집중 공격했다. 미군의 함상 포격과 공습, 화염방사기 등의 공격에 일본군은 미리 구축해둔 해안 진지에서의 공격과 본토에서 발진한 가미카제 편대의 공격으로 맞섰다. 미군은 제1 비행장인 지도리비행장 점령을 시작으로 2월 23일에는 스리바치산(摺鉢山)을, 2월 25일에는 모토야마비행장을 점령했다. 3월 17일에 미군은 이오지마를 장악했으며 거의 모든 일본군 부대가 전멸했다. 3월 21일 일본 제국 대본영은 3월 17일에 이오지마에 있던 일본군이 '옥쇄'했다고 발표했다. 3월 26일 구리바야시 다다미치(栗林忠道) 대장 이하 남은 300명의 일본군이 마지막 돌격을 했으나 전멸했다. 이로써 전투는 종결되었다. 2만 933명의 일본군 수비 병력 중 2만 129명이 전사했으며 216명만이 포로가 되었다. 미군은 총 6,821명이 전사했고 1만 9,189명의 부상자가 발생했으며 실종자는 474명이라고 기록되었다. 미군과 일본군 모두 합해 5만 명에 가까운 병사들이 죽거나 다쳤다. 그만큼 치열한 전투였다.

10

자살의
언덕

오키나와

태평양전쟁 말기인 1945년 4월 1일, 오키나와의 요미탄(讀谷)항에 미군이 상륙했다. 상륙을 위해 일주일간 쏘아댄 대구경포 포탄만 3만 발이었다. 전함 18척과 항공모함 40척, 구축함 200척을 포함한 함선 1,300여 척으로 구성된 대함대와 더불어 첫날 상륙한 인원은 5만 명에 달했다.

그리고 83일간 '철의 폭풍'으로 불리는 전투가 벌어지게 된다. 일본열도에서 벌어진 유일한 지상전이었다. 미군은 엄청난 파괴력을 지닌 수류탄과 화염방사기 등 육해공군의 최신 병기를 앞세워 오키나와를 공격했다.

이에 일본군 수비대는 수많은 동굴 진지와 지하 요새에 대구경(大口徑) 화기를 배치하여 전투를 치렀으며, 그 뒤에는 병사들과 주민들이 목숨으로 맞섰다. 그들을 지원한 비밀 병기는 자살 임무를 띠고 온 1천여 대에 달하는 '가미카제' 공격이었다. 일본군은 병력을 계속 잃어가며 저지선 뒤로 한발씩 물러섰다. 포탄을 사람으로 막는 것, 그것이 전술의 전부였다.

오키나와섬 전체를 지옥으로 만들고서야 전투는 끝이 났다. 수천 명의 주민은 오키나와섬의 수많은 동굴로 피난을 갔는데, 이들은 굶주림과 화염방사기, 고폭탄의 공격으로 죽어갔다.

무엇보다 이 전투를 처참하게 만든 것은 일본 제국군이 내린 자결 명령이었다. 군인과 사령관뿐 아니라 주민들에게도 자결을 명해 수많은 오키나와 주민이 수류탄으로 자결하거나 서로를 죽이는 비극이 일어난 것이다. 오키나와의 일본군은 거의 마지막 한 사람까지 끝내 죽음에 이르렀으며, 미군에 잡힌 일본군 포로는 너무 심하게 다친 탓에 자살할 수 없었던 병사들을 포함해 모두 7,400명이었다고 기록되어 있다.

오키나와 전투를 통해 6만 6천여 명에서 9만여 명의 일본군이 전사했으며 미군 측은 7만 5천여 명의 사상자가 발생했다. 그리고 16만 명 이상의 민간인이 살해되거나 자살하거나 실종되었다고 알려져 있다. 하지만 정확한 숫자는 지금도 알 수 없다.

태평양전쟁에서 열세에 몰린 일본은 조선인 군속 1만여 명을 오키나와에 급히 배치했다. 비행장, 참호 건설, 물자 운반 등 본격적인 전투를 대비하는 온갖 군사시설에 노동력이 필요했기 때문이다. 강제 동원된 이들은 군속뿐 아니라 위안부도 있었다. 146곳 이상의 '위안소'가 있었으며 그중에 조선인 '위안부'가 있었다고 한다. 군속이나 '위안부'로 강제 동원된 이들에 대해서는 아직 그 숫자와 이름조차 정확히 파악하지 못하고 있다.

○　오키나와

태평양전쟁이 끝난 뒤부터 1972년까지 미군이 관할권을 행
사한 오키나와에는 수많은 미군 기지가 건설되었고 지금도
일본 내 미군 전용 시설의 70퍼센트가량이 이곳에 집중되어
있다.

우리는 우리의 시체들로

태평양을 가로지르는 바리케이드를 만들 것이다.

– 혼마 마사하루(本間雅晴) 일본 육군 장군.

비행기 한 대로 적 전함 한 척을 파괴하고

보트 하나로 적 함성 한 척을 파괴하고

사람 한 명으로 열 명의 적이나 탱크 한 대를 파괴한다.

– 일본 육군 제32군 전투 슬로건.

○　가카즈(嘉數) 고지 공원

오키나와 전투에서 가장 많은 사상자를 낸 격전지였던 가카즈 언덕에 세워진 공원이다. 1945년 4월 8일, 일본군의 저항을 물리치며 남하하던 미군은 가카즈 언덕의 주 방어선에 도달한 뒤 토치카와 동굴 진지 등으로 견고한 방어선을 구축한 일본군과 본격적인 전투를 시작한다. 미군은 포병대를 한곳에 모으고 함선과 공군이 서로 공조하며 맹포격했고 일본군도 중포로 응수했다. 미군은 가카즈 전투에 병력을 계속 투입해 16일간의 격렬한 공방전 끝에 4월 24일 일본군을 격퇴하고 능선을 점령했다. 이로써 일본군은 방어선을 남쪽으로 옮기게 된다. 이 전투로 일본군과 미군 양측 모두 수천 명의 병력을 잃었으며 보름 가까이 이어진 사투 끝에 인근 마을은 대부분 궤멸되었다. 가카즈 고지 공원에는 전투 당시 주민들이 피난했던 동굴과 일본군이 구축한 동굴 진지 그리고 위령탑들과 전망대 등이 있다. 전망대에서 바라보면 후텐마(普天間) 미군 기지의 비행장이 한눈에 보인다.

○　구 해군 사령부 방공호

태평양전쟁 말기에 일본군 공병대 3천 명에 의해 만들어진
지하 방공호. 오키나와 전투 당시 해군 사령부가 자리해 있
었으며 4천여 명의 군인이 전사하거나 자살한 곳이다.

여러분, 여기는 제2차 세계대전 당시 가장 격렬하게 전쟁이 치러지고 마지막 전쟁터가 된 오키나와에서 쇼와(昭和) 20년 (1945) 6월 13일, 해군 부대 지휘관 오타 미노루(大田實) 이하 다수의 장병이 지하 방공호에서 자살하여 나라를 위해 순직한 장소입니다.

압도적인 미국군에 의해 포위당한 해군 부대는 80개가 넘는 전쟁터에서 큰 손해를 입었고, 정예부대 2,500명이 육군의 지휘 아래 무기다운 무기도 없이 손수 만든 창을 유일한 무기로 하여 이 방공호에 틀어박혀서 마지막까지 있는 힘을 다해 싸웠습니다.

6월 6일 저녁 무렵 오타 사령관은 다음과 같이 전보를 치면서 사세구(辭世の句. 절명시)를 보냈습니다.

'전황이 압박해오니. 소관의 보고는 본론으로 들어가 이곳에 우선 종지부를 찍을 수밖에 없는 시기가 도달한 것이라고 판단하여 양해를 구하옵니다.'

　오키나와 바다에서 썩어가더라도 이 나라를 계속 지켜나가야 합니다.

오타 사령관은 6월 6일 전황을 보고함과 동시에 6일 저녁 오키나와 현민의 헌신적인 작전 협력에 대해 해군 차관 앞으로 장문의 전보를 보냈습니다. 그중에서 특히 오키나와 현민이 남녀노소 얼마나 직전에 잘 협력했는지 상세하게 진술했으며 마지막에는 "오키나와 현민이 이렇게 열심히 싸웠으니, 현민 후세들을 특별히 배려해주기를"이라고 써서 자결의 순간까지 오키나와현의 장래를 생각한 절절한 전문을 방공호 안에서 보냈습니다. 오타 사령관은 11일 밤 드디어 마지막 단계에 들어간 것으로 판단하여 우시지마(牛島) 군사령관 앞으로 전보를 칩니다.

'적의 전차부대는 저희 사령부 방공호를 공격 중입니다. 근거 지대(해군 상륙부대 중 하나)는 옥처럼 아름답게 전사했습니다. 지금까지 베푼 인정에 깊은 감사를 드리고, 사령관 부대의 건투를 빕니다.'

그리고 6월 13일 오타 사령관 이하 다수의 장병이 방공호 안에서 장렬한 최후를 마쳤습니다.
여러분, 이 방공호를 두 번 다시 전쟁을 일으켜서는 안 된다는 지속적인 평화를 기원하는 장소로 생각해주시기 바랍니다.
— 구 해군 사령부 방공호의 일본어 안내 방송(번역 정세정).

○   사령관실

사령관 오타 미노루와 여섯 명의 장교가 자결한 곳.

벽에는 아래와 같은 문구가 쓰여 있다.

"천황 폐하의 깃발 아래에서 죽는 것이야말로

사람으로 태어난 보람이 있는 것이다.

천황 폐하 만세."

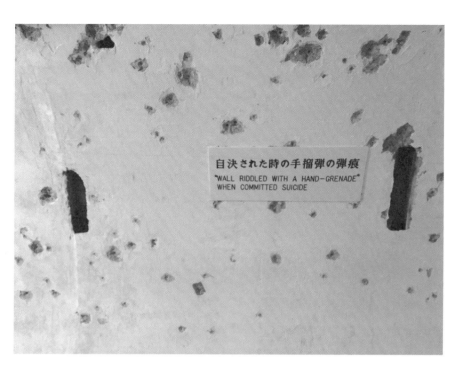

○ 자결할 때 벽에 생긴 수류탄 탄흔

오타 미노루 사령관과 사령부 참모들이 자결하자 각
급 지휘관들도 수류탄으로 집단 자결했다. 방공호 곳
곳에는 당시의 흔적이 남아 있다.

오키나와 육군병원 방공호 입구

오키나와 남부 하에바루(南風原)의 야산 일대에 만들어진 30개의 육군병원 방공호. 미군의 폭격이 시작된 1945년 3월에 만들어졌으며 총길이 70미터가량의 지하 인공 동굴로 높이와 너비는 각 1.8미터다. 동굴의 동쪽은 환자의 병실, 중앙부는 수술실, 서쪽은 근무자실로 사용되었다고 한다. 당시 군의관과 의무병 350명에 더해 히메유리(姫百合)라 불리는 여학생 학도대 222명이 교사 18명의 인솔하에 간호 보조 요원으로 일하고 있었다. 방공호의 중앙부 천장에 조선인 병사가 쓴 성씨(姓氏)로 추정되는 '강(姜)'이라는 한자가 발견되었다. 1945년 5월 병원이 마부니(摩文仁)로 철수하게 되자 이동이 어려운 중증 환자들에게 청산가리를 나누어주고 자결을 강요했다고 한다.

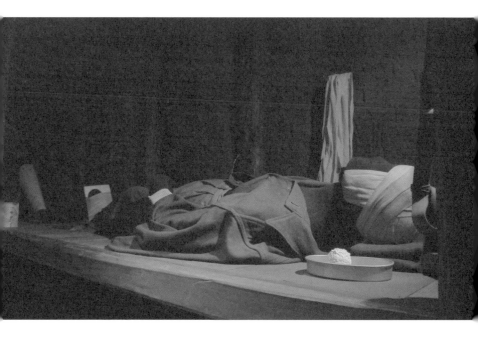

○ 히메유리평화기념자료관

히메유리 학도대는 오키나와 전투 당시 간호 훈련을 위해 만들어진 일본 육군 소속
여학생 학도대다. 이들은 오키나와현의 오키나와 현립 제1고등여학교와 오키나와사
범학교 여자부의 교사와 학생으로 구성되었으며, 이후 두 학교의 교지(校誌) 이름인
'오토히메(乙姬)'와 '시로유리(白百合)'를 합쳐 '히메유리'라 부르게 되었다. 미군의 오키
나와 상륙작전이 시작된 1945년 3월 23일, 두 학교의 여학생 222명과 교사 18명은
오키나와 육군병원에 배속되어 부상자 치료를 돕거나 시신을 매장하는 등 군인들을

돕는 임무에 투입되었다. 시간이 갈수록 미군의 공격은 거세지고 일본의 패색이 짙어지자 6월 18일 밤, 일본 군부는 히메유리 학도대에 갑작스러운 해산 명령을 내린다. 방공호에 갇혀 있던 히메유리 학도대는 미군의 포탄과 가스탄 등으로 목숨을 잃었다. 또 일부는 절벽에서 뛰어내리거나 지니고 있던 수류탄으로 자살을 했다. 동원된 히메유리 학도대와 교사 240명 중 136명이 사망했다. 1989년 히메유리평화기념자료관이 설립되었으며 일본 중고등학생들이 가장 많이 찾는 수학여행지 중 하나다.

우리는 붕대 감는 법 정도의 기본적인 훈련만 받았는데 부상 병사의 상태는 매우 심각했다. 다리가 잘렸거나 창자가 밖으로 나왔거나 얼굴이 없기도 했다. 우리는 어찌할 바를 몰랐다. 나는 열일곱 살이었고, 일주일 후면 학교로 돌아갈 줄 알았다.

– 시마부쿠로 요시코(島袋淑子. 전 히메유리 학도대원).

○ 지비치리 가마

1945년 4월 1일 오키나와에 공격을 개시한 미군이 오키나와 본섬에서 처음 점령한 곳은 요미탄촌(讀谷村)이었다. 주민 139명은 미군을 피해 '지비치리 가마(가마는 오키나와의 자연동굴)'로 피신했는데 곧바로 포위되고 말았다. 미군이 항복을 권했지만 주민 중 85명은 동굴 안에서 집단 자결을 했다. 그 가운데 47명은 12세 이하 어린이였다.

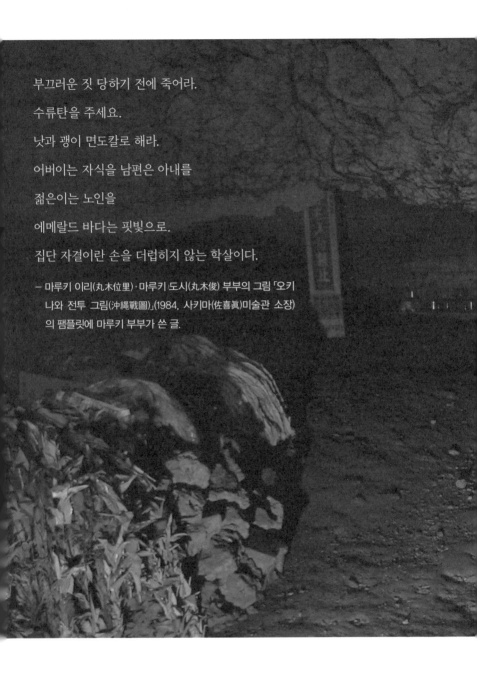

부끄러운 짓 당하기 전에 죽어라.

수류탄을 주세요.

낫과 괭이 면도칼로 해라.

어버이는 자식을 남편은 아내를

젊은이는 노인을

에메랄드 바다는 핏빛으로.

집단 자결이란 손을 더럽히지 않는 학살이다.

– 마루키 이리(丸木位里)·마루키 도시(丸木俊) 부부의 그림 「오키
나와 전투 그림(沖繩戰圖)」(1984, 사키마(佐喜眞)미술관 소장)
의 팸플릿에 마루키 부부가 쓴 글.

○　오키나와 평화기념공원

오키나와 전투의 희생자를 기리기 위해 조성한 추모
공원. 오키나와 전투 최후의 격전지이자 대량 자살 사
태가 벌어진 마부니 언덕에 있다.

○　평화의 초석

오키나와 평화기념공원에 있는 오키나와 전투의 희생자를 추
모하는 비석. 신원이 확인된 조선인 464명을 포함한 24만 명
의 희생자 이름이 새겨져 있다.

○ 마부니 언덕

오키나와 최남단에 자리한 해발 89미터의 해안가 언덕으로 전투 당시에는 89언덕으로 불렸다. 언덕 아래 대리석 동굴에는 오키나와 전투의 마지막 일본군 지휘본부가 있었다. 1945년 6월 23일 사령관 우시지마 미쓰루(牛島滿) 중장과 조 이사무(長勇) 소장이 할복자살함으로써 오키나와 진투가 이곳에서 종결되었다.

○　한의 비(恨の碑)

태평양전쟁 당시 강제 징용되어 안타깝게 목숨을 잃은 조선인들을 추모하기
위해 세워진 기념비다. 이 추모비는 1944년 오키나와로 끌려와 강제 노역을 한
고 강인창이 일본 시민단체와 함께 만들었다. 1999년 그의 고향인 경북 영양과

2006년 오키나와에 똑 닮은 한의 비를 각각 세웠다. 오키나와 민중 조각가 긴조 미노루(金城實)가 조각한 '한의 비'는 두 눈을 가린 채 일본 순사에게 끌려가는 아들을 붙잡고 통곡하는 어머니의 모습을 표현하고 있다.

이 섬은 왜 조용해졌을까
왜 말하려 하지 않는가
여자들의 슬픔을
조선반도의 오빠 언니들의 얘기를

갈라지고 끌려온 오빠들
작열하는 뱃바닥에서 숨을 거두어
오키나와 이 땅에서 수족이 찢겨지고
영혼을 짓밟힌 오빠들이여

전쟁이 끝나 시간이 흘렀어도
이 땅에서 군화 소리는 끊이지 않는다
빼앗긴 땅 사라진 마을 여자들의 비명은 여전하고
사람들의 마음은 메말라버린 채

오빠들이여
아직 공양도 못 받고 석회암 틈에 파묻힌 뼈 뼈 뼈
고향 선산에 돌아갈 수도 없는
오빠들이여

우리 오키나와 사람들은

아직도 군화에 짓밟히고 있는

오빠 언니들의 영혼에

깊이 머리를 숙인다

일본군 성노예로서 짓밟힌 언니들

징용자로서 희생당한 오빠들에게 깊이 머리를 숙인다

머지않아 굳게 열매진 봉선화 씨가 터져

서로 바다를 건너 꽃 피기를 믿으며

오빠 언니들이여 그대들이 겪어오신 고난을 전하며

지구상에서 전쟁과 군대를 뿌리 뽑을 것을

이 땅에서 돌아가신 오빠 언니들의 영혼에

우리는 맹세한다

– 2006년 5월 오키나와를 비롯한 일본 전역의 양심적인 시민들이 성금을
  모아 세운 '한의 비' 비문(아사토 에이코(安里英子) 오키나와 한의 비 모임
  대표 씀).

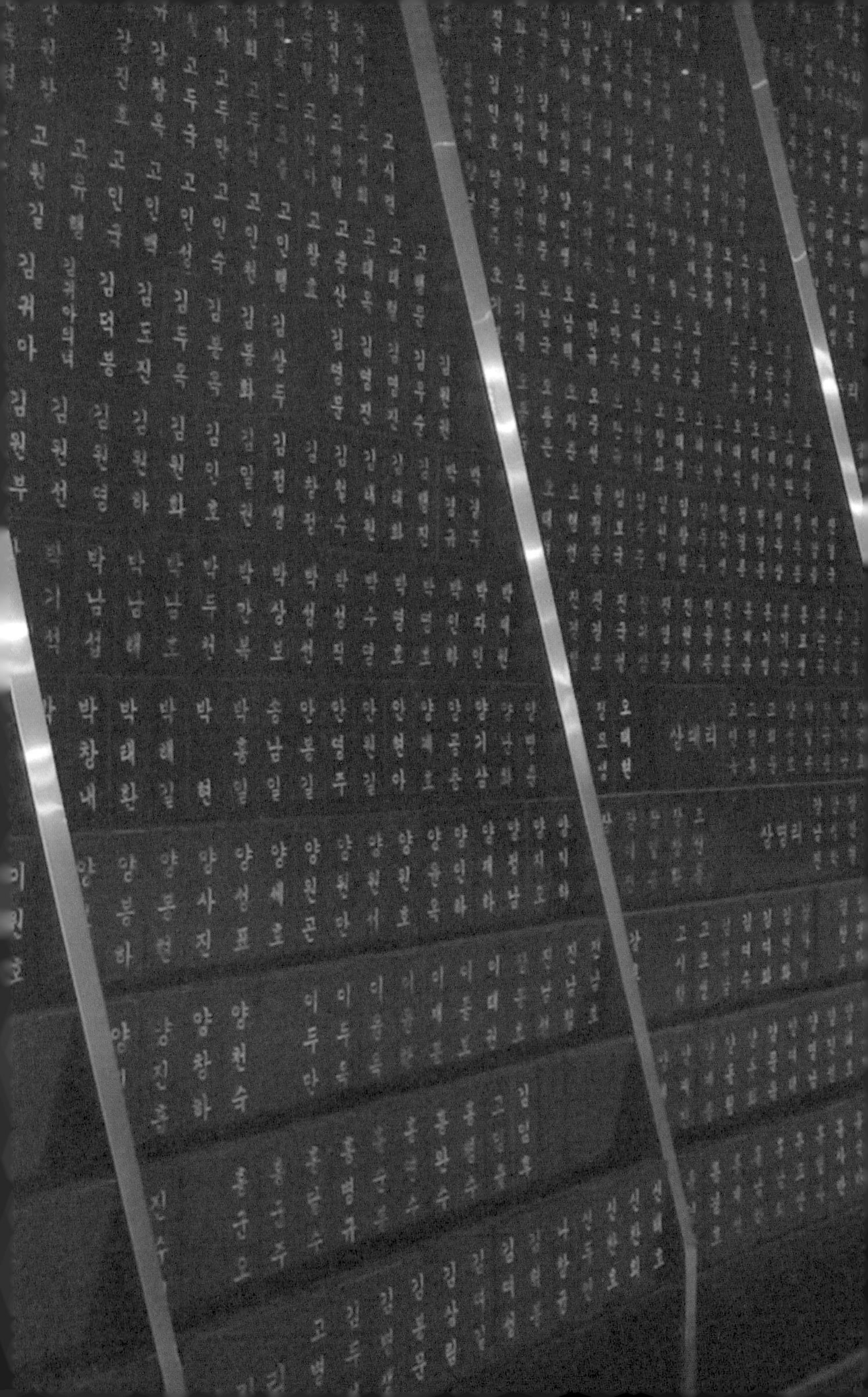

11

얼마나
죽었는지

제주도

1945년 8월 일본 히로시마와 나가사키에 원자폭탄
이 떨어지고 마침내 태평양전쟁이 끝났다. 그리고 한반도에
광복이 찾아왔다. 하지만 해방의 기쁨은 오래가지 않았다. 유
엔에서 단독선거 결정이 내려지자 남한에서는 단독정부 수립
반대 운동이 전국적으로 벌어지고 군경과의 유혈 충돌이 발
생했다.

1947년 3월 1일 제주도에서는 단독선거 반대 시위가 일어
나면서 경찰의 발포가 이어졌으며 이를 항의하는 주민들이
총파업을 전개했다. 이후 미 군정청이 경찰과 우익 단체를 동
원하여 무력으로 탄압했고 이에 맞서 좌익 세력이 남한만의
단독선거 반대 등을 주장하며 무장봉기를 일으켰다.

우리 현대사에서 한국전쟁 다음으로 많은 희생자를 낸 '제
주4·3사건'이 시작된 것이다. 이후 계속된 토벌대와 무장대
의 무력 충돌 그리고 진압 과정에서 국가권력에 의한 대규모
희생이 발생했으며, 1954년 9월 21일 한라산 금족(禁足) 지역
이 전면 개방되면서 비로소 막을 내리게 되었다.

1947년 3월 1일부터 1954년 9월 21일까지 약 7년 7개월
의 긴 시간 동안 무참한 학살과 방화, 살육의 현장을 피해 제
주도 주민이 숨어들었던 곳은 오름과 해안의 동굴과 진지 같
은 지하구조물이었다. 그 기간에 2만 5천 명에서 3만 명의 제

주도 주민이 목숨을 잃었으며 가옥 4만여 채가 소실되었다. 4·3사건으로 제주도 지역 공동체는 파괴되고 엄청난 물적 피해를 보았으며, 무엇보다 참혹한 인명 피해는 깊은 상처로 남게 되었다.

제주4·3사건은 오랫동안 우리 역사에서 금기 그 자체였다. 누구는 폭동이라고 하고 또 누구는 소요 사태라고 했다. 이렇듯 온전한 이름조차 갖지 못한 채 침묵 속에 묻혀 반세기를 보냈다. 그러다가 2000년 1월 12일에 이르러 '제주4·3사건 진상규명과 희생자 명예회복에 대한 특별법'이 제정되었고 2003년 10월 15일 「제주4·3사건 진상조사 보고서」가 채택되었다.

2003년에는 노무현 대통령이 제주도를 찾아 "과거 국가권력의 잘못에 대해 유족과 제주 도민 여러분에게 진심으로 사과와 위로의 말씀을 드립니다"라고 첫 공식 사과를 하며 국가의 책임을 인정했다.

그리고 2014년 마침내 '4·3희생자 추념일'이 국가 기념일로 지정되었다.

○   큰넓궤

제주4·3사건 당시 서귀포시 안덕면 동광리 주민 120여 명이 약 50일 동안
숨어 살았던 용암 동굴. 숨어 있던 주민들은 토벌대에게 발각된 후 대부분
학살되었다.

○　초토화작전

1948년 11월 17일 제주도에 계엄령이 선포되었다. 이에 앞
서 9연대 송요찬 연대장은 해안선으로부터 5킬로미터 이
상 들어간 중산간 지대를 통행하는 자는 폭도배로 간주하
여 총살하겠다는 포고문을 발표했다. 이때부터 중산간 마
을을 초토화하는 대대적인 강경 진압작전이 전개되었다.
"제주4·3사건을 완전히 진압해야 한국의 중요성을 인식
하고 있는 미국의 원조가 가능하다"고 생각한 이승만 대통
령은 제주도에 대한 '가혹한 탄압'을 군에 지시했다. 초토
화작전에 의해 1948년 10월 말부터 1949년 3월까지 약
5개월 동안 집중적으로 참혹한 집단 살상이 행해졌다.
1949년 4월 1일 미군 정보 보고서에는 "1948년 한 해 동
안 1만 5천여 명의 주민이 희생되었다. 그중 80퍼센트가
토벌군에 의해 사살되었다"라고 기록되어 있다.

미국 측에서 한국의 중요성을 인식하고 많은 동정을 표하니

제주도, 전남 사건의 여파를 완전히 발근색원(拔根塞源)하여

미국의 원조를 적극적으로 이끌 것이며

지방 토색, 반도 및 절도 등 악당을 가혹한 방법으로 탄압하여

법의 준엄함을 보여줄 것이 요청된다.

— 1949년 1월 21일 이승만 대통령의 국무회의 발언.

○　백조일손지묘(百祖一孫之墓)

섯알오름 탄약고 터는 일본군이 1944년 말부터 알뜨르 지역을 군사 요새화할 때 일본군 탄약고가 있었던 자리다. 일제 패망 뒤, 이 탄약고가 미군에 의해 폭파되면서 큰 구덩이가 파였는데, 구덩이는 한국전쟁 직후 예비검속된 주민의 학살 장소가 되고 만다. 한국전쟁이 발발하자 예비검속법을 실시하여 당시 모슬포경찰서 관내에서도 374명이 검속되었고, 이들 중 132명이 음력 7월 7일 계엄 당국에 의해 섯알오름 탄약고 터에서 총살당했다. 한림 지서에 수감되었던 63명도 같은 날 새벽 2시경 집단 학살당했다. 그 후 유족들은 시신을 수습하려고 당국에 허가를 계속 요청했으나 번번이 묵살당했는데, 군부대가 확장 공사를 하면서 일부 유해가 드러나자 1956년 3월 유족들이 한림 지역 63명의 시신을 수습하여 만벵디 공동 장지에 묻었다. 모슬포 지역 희생자 132명의 유해는 1956년 5월 시신 수습 허가를 받고 사계리 공동묘지에 안장했다. 그러나 이미 시간이 오래 지나다 보니, 대강의 뼈를 추슬러 무덤을 만들 수밖에 없었다. 유족들은 공동으로 마련한 장지에 '조상은 일백이 넘되 자손은 하나이니 자손 한 사람 한 사람이 일백 조상을 모두 내 조상 모시듯 모시라'라는 의미의 '百祖一孫之地(백조일손지지)'라는 비석을 세웠다. 그리고 후대에 이 비석은 다시 세워지면서 百祖一孫之墓라고 바꿨다.

○   제주4·3평화공원

제주4·3사건 희생자와 유족들을 위로하고 후세대에
역사적 교훈을 물려주기 위해 제주도 봉개동에 조성한
추모 공원이다. 제주4·3평화공원 조성 사업은 국가의
4·3사건에 대한 공동체적 보상의 하나로 시행되었다.
1999년 6월 제주도를 방문한 김대중 대통령이 위령공
원 조성을 위한 특별교부세 지원을 약속했고, 그다음
해에 4·3특별법이 제정되면서 공원 조성 사업이 순조
롭게 진행되었다. 2003년 4월 3일에는 제주4·3평화
공원 기공식이 열렸다. 총면적 39만 6,743제곱미터(약
12만 평) 규모의 공원 안에는 위령제단과 위령탑, 추념
광장(1단계), 위패 봉안실, 주차장, 기념관, 행방불명 희
생자 추모원, 희생자 각명비, 암매장지 발굴 유해 봉안
관(2단계), 4·3평화교육센터, 어린이체험관(3단계) 등
이 차례로 조성되었다. 제주4·3평화공원에는 연간
20만여 명의 방문객과 국내외 과거사 연구자, 수학여
행단 학생들이 방문하여 4·3의 진실과 과거사 청산의
교훈을 새기고 있다. 다시는 4·3사건과 같은 비극이
일어나지 않도록 후세에 교훈을 주는 역사 교육의 장
이자 4·3의 비극을 통해 평화와 인권의 소중함을 일
깨우고 동시에 이를 계기로 한반도의 평화, 나아가 세
계 평화에 기여하는 평화·인권의 장으로서 가치를 담
고 있다.

UNDERGROUND

언젠가 이 비에

제주4·3의 이름을 새기고

일으켜 세우리라.

– 제주4·3평화공원에 있는 백비.

전쟁은
끝나지 않았다

———

파주

한반도와 일본에 남겨진 지하구조물을 따라 숨 가쁘게 달려오다 보면 우뚝 멈춰 서게 되는 곳이 있다. 그 어떤 국가의 폭력도 전쟁의 잔인함도 일순간에 삼켜버리는 공간, 경기도 구간만 해도 길이 103킬로미터, 넓이 153제곱킬로미터에 이르는 비무장지대다.

이곳은 1950년 6월 25일 발발한 한국전쟁이 1953년 7월 27일 정전협정을 맺고 휴전되면서 생겨났다. 전쟁이 종전(終戰) 아닌 정전(停戰)으로 마무리되고 육상의 군사분계선인 MDL(Military Demarcation Line)을 중심으로 남북으로 각각 2킬로미터씩 양국 군대를 후퇴시키기로 약속하면서 만들어진 지역이다.

임진강 하구인 경기도 파주시 정동리에서 동해안인 강원도 고성군 명호리까지 총 248킬로미터, 1,292개 표지판으로 멈춰진 전쟁은 선명하게 이어져 있다.

전쟁을 겪지 않은 세대가 추상적 관념으로 전쟁을 떠올릴 때 비무장지대는 생생한 현재형으로 그리고 물질성으로 전쟁이 아직 끝나지 않았음을 증명하고 있는 것이다.

○　캠프 그리브스

DMZ 남방한계선에서 겨우 2킬로미터 떨어진 곳에 자리한 캠프 그리브스는
1953년 한국 정부에서 미군에 제공한 이후 50여 년 동안 미군이 주둔하던
공간이었다.

2007년 한국 정부에 반환되었으며 경기도와 경기관광공사가 2013년 민간
인들을 위한 평화 안보 체험시설로 리모델링해 민간인 통제구역 내의 유일
한 체험형 숙박시설로 활용하고 있다.

한국전쟁 이후 대한민국 곳곳에 미군이 주둔하기 시작했다. 미군 기지는 대한민국 영토의 일부를 공여받아 사용하고 있지만, 대한민국 법률과 사법의 영향력이 일부 미치지 않는 지역이다. 용산의 미군 기지처럼 알려진 곳도 있지만 상당수는 어디에 얼마나 있는지 공개되지 않고 있다. 다만 현재까지 한·미 양국이 발표한 미군 기지 반환 관련 정보에 따르면 전체 미군 기지 가운데 반환 대상 미군 기지는 모두 82곳이다. 2021년 1월 현재 기준으로 반환이 마무리된 기지는 66곳, 부분적으로만 반환이 완료된 기지는 4곳, 미반환 기지는 12곳이다. 이 중에는 용산의 주한 미군 기지처럼 일제 강점기 때 일본군의 거점이었다가, 해방 이후에는 남한 지역에 주둔한 미군이 사용하기 시작해 100년이 넘도록 우리 국민은 접근할 수 없었던 땅도 있다.

1953년 정전협정을 맺은 이후 지금까지 휴전 상태인 우리에게 전쟁은 아직도 현재 진행형이다. 전쟁을 끝내기 위해서는 종전을 선언하고 정전협정을 폐기해야 한다. 종전 선언은 전쟁 당사국 간에 전쟁 상태가 완전히 종료되었음을 확인하는 공동의 의사 표명이자 국제사회에 공표하는 행위로, 평화 협상을 위한 전 단계이기 때문이다.

공간은 기억을 저장한다

기억은 평범한 순간들로부터 구분되지 않는다.
나중에야 그들이 남긴 상처에 의해 기억된다.
– 크리스 마커, 이윤영 옮김, 『환송대』, 문학과지성시, 2018.

제주도 가마오름에 있는 동굴 진지를 촬영할 때였다. 카메라를 든 가족들을 뒤따라 들어가다 주저앉듯 멈춰 섰다. 빛이 닿는 곳에는 어김없이 자라난 푸른 이파리들, 어두운 동굴을 비추기 위해 달려 있는 실내등 주변에 초록의 이파리들이 자라고 있었다. 햇빛을 보지 못해 작고 여렸지만 살겠다는 의지만큼은 그 무엇으로도 꺾을 수 없을 것 같았다. 그때 나는 오래전 그곳에 있었을 사람들이 떠올랐다. 우리가 그동안 카메라에 담아왔던 수많은 지하구조물, 그곳에 사람들이 있었고 그들 또한 살고자 했을 것이다. 살아서 어머니에게로, 아버지에게로 가족에게로 돌아가고 싶었을 것이다. 그 여린 이 파리들을 보는데 만나지 못했으나 거기 있었던 그들의 간절함이 느껴져 오래도록 눈물이 났다. 나는 그것이 공간이 가진 시간이고 힘이라 생각한다. 때때로 아니 어쩌면 늘 우리는 시간이 흘러가버린다고 생각한다. 어디에도 담기지 않고 마치 흐르는 물처럼 말이다. 하지만 우리가 두 발 딛고 선 이 땅 아래에는 시간이 겹겹이 남아 있다. 평범하지 않은 순간들이 남아 있는 공간, 그 상처들이 우리에게 그 역사를 기억하도록 한다. 지하구조물에서 시작된 이야기는 공간으로 인식됐고 기억을 담는 공간으로 확장되기 시작했다. 그리고 우리는 수년간 카메라에 담아온 지하구조물들을 하나의 이야기로 담는 작업을 시작했다.

「언더그라운드」는 일제강점기를 떠받친 기업과 장소들의 21세기 모습들을 스케치하고, 그곳이 과거에 어떻게 쓰였고 얼마나 많은 이들을 동원했는지를 자막으로 메모한다.

또 그 시대, 그 공간의 삶을 증언하는 말과 목소리를 덧댄다. …광산에는 강제징용이, 땅굴에는 학살이, 묻혀 있다. 이것이 제국주의의 언더그라운드, 즉 비밀스럽게 감춰지기를 희망하는 기반이다. …

영화의 언더그라운드에는 제국주의 국가권력만이 아니라 한국의 국가권력 역시 근대국가를 건설하려는 과정에서 폭력과 착취의 역사를 반복해왔다는 발화가 숨어 있다.

– 채희숙, DMZ국제다큐멘터리영화제 프로그램 노트 중.

그중 먼저 완성된 것은 다큐멘터리 영화였다. 영화 「언더그라운드」는 '터널: 지하구조물'이라는 물리적 공간을 통해 제국주의와 국가 폭력에 희생된 이들을 기억하고 기록하고자 했다. 영화제작은 별도의 투자나 지원, 외부 스태프 없이 진행되었다. 특별한 뜻이 있어서가 아니라 자연스럽게 촬영되고 완성된 데다가 제작 기간이 5년 가까이 되었기 때문이다. 여건에 맞추다 보니 틈나는 대로 촬영해야 했고, 그러다 보니 가족들이 촬영과 조명, 구성과 번역 등 전 제작 과정에 참여할 수밖에 없었다. 당시 열세 살, 열여덟 살이던 두 아이가 큰 힘이 되었다. 지금은 대학에서 영화를 공부하고 있는 큰아이 허윤은 조명과 카메라로 작업에 참여했고 둘째 허준은 현장 조수에서 시작하여 영화를 마칠 때쯤에는 영문 번역을 도왔다. 땅 아래 있는 역사의 그늘을 찾아다니는 작업에서부터 그 역사를 이해하고 함께 아파해주는 지점까지 우리들의 기록과 더불어 성장해준 두 아이에게 지면을 빌려 고마움을 전하고 싶다. 아이들이 우리의 역사 중 일부를 자신들의 손으로 확인하고 새롭게 쌓아가는 모습을 보며 지난했던 작업의 가치를 다시 한번 확인할 수 있었다.

2019년 영화를 완성하게 되었고 전주국제영화제와 DMZ 국제다큐멘터리영화제, 리스본의 독리스보아(Doclisboa) 등의 영화제에서 관객들과 만날 수 있었다. 영화는 관객들을 만나 비로소 완성되었다. 관객들은 스크린에 쏟아진 영상 그 너머의 이야기들을 찾아냈고 불친절한 전개 속에서도 행간에 숨겨진 아픔에 공감해주었다. 지하구조물이라는 공간을 역사와 더불어 다시 보려는 관객들의 시도들도 창작자로서 보람을 느끼는 지점이었다. 덕분에 우리는 용기를 얻어 다음 작품으로 나아가고 있다. '우리에게 남겨진 공간들은 자본주의의 불평등과 착취를 어떻게 기억하고 또 반영할까?' 이것이 우리가 받아든 질문이다. 탄광, 방직공장, 지하 작업실, 조선소, 물류창고 등 노동의 공간을 통해 산업화와 자본주의의 폭력 아래 지워져버린 사람들을 기억하는 작업이 될 것이다.

다시 5월이다. 평화기념관이 된 옛 전남도청의 '원형 복원'이 연일 뉴스에 오른다. 기념관으로 리모델링하는 과정에서 장소의 역사성은 사라지고, 5·18의 기록과 자료들은 선사시대 유물처럼 박제되었다. 그 시간을 기억하는 이들이 바라본

'기념관'은 1980년의 5월을 온전히 기념하지 못한다. 그것이 문제다. 기억을 제대로 기념하지 못하는 공간은 기억을 왜곡할 수밖에 없다. 우리는 공동의 사건을 기억하며 위로하기 위해 기념의 장소를 만든다. 아프고 억울한 사회 공동의 기억은 지우거나 잊는 것으로 치유되는 것이 아니라 기억함으로써 치유되기 때문이다. 기억은 새로운 시간의 더해짐이다. 그 과정을 통해 현재를 살아가는 우리는 인간성을 회복하며 슬픔을 희석할 수 있는 기회를 갖게 될 것이다. 또한 아픔을 직시하고 다시는 같은 일을 반복하지 않기 위해 공동의 노력을 촉구하게 될 것이다. 그것이 바로 우리가 '온전한' 기념의 공간을 가져야 하는 이유이기도 하다.

이 땅이 가지고 있는 시간의 흉터인 지하구조물들 그리고 수많은 기념의 공간들이 지워지거나 덧칠되지 않고 생생히 살아 있기를 바란다. 공간은 기억을 저장한다.

지은이 양희

（참고
자료）

프롤로그 언더그라운드, 거기에 사람이 있었다
국립일제강제동원역사관 홈페이지 설명 참고.
김호경·권기석·우성규, 『일제 강제동원, 그 알려지지 않은 역사』, 돌베
개, 2010.
오키나와타임스 엮음, 김란경·김지혜·정현주 옮김, 『철의 폭풍』, 도서출
판 산처럼, 2020.
이시우, 『제주 오키나와 평화기행』, 도서출판 말, 2014.
정혜경, 『조선 청년이여, 황국 신민이 되어라』, 서해문집, 2010.

제1장 지상의 무게를 견디며 − 서울
「서울시, 굳게 닫혔던 비밀 지하공간 3곳 문 연다」, 서울특별시 홈페이지
새소식, 2017년 10월 23일.
정명섭·신효승·조현경·김민재·박성준, 『일제의 흔적을 걷다』, 더난출
판, 2016.

제2장 이곳을 발판으로 − 가덕도
부산은행, 『부산, 역사향기를 찾아서』, 부산은행, 2005.
이소원, 「한국관광공사의 아름다운 대한민국 이야기」, 한국관광공사,
2012.
이지영·서치상, 「가덕도 외양포의 일본 군사시설에 관한 연구」, 『건축역
사연구』 제19권 3호 통권 70호, 2010년 6월.

제3장 일본까지 최단 거리 – 부산

국립일제강제동원역사관 홈페이지. (66~69쪽 「북해도 고락가」)

김아네스·최선혜, 『고교생이 알아야 할 한국사 스페셜』, 신원문화사, 2002.

김호경·권기석·우성규, 『일제 강제동원, 그 알려지지 않은 역사』, 돌베개, 2010.

대일항쟁기강제동원피해조사및국외강제동원희생자등지원위원회 엮음, 『일제 강제동원 보도자료 모음집』, 개정증보판, 대일항쟁기강제동원피해조사및국외강제동원희생자등지원위원회, 2010.

부산본부세관 홈페이지 설명 참고.

이병주, 『관부연락선』, 한길사, 2006.

정혜경 책임 편집, 『강제동원 구술기록집 1: 당꼬라고요?』, 일제강점하강제동원피해진상규명위원회, 2005. (70·71쪽 전우식, 주용근 증언.)

최영호·박진우·류교열·홍연진, 『부관연락선과 부산』, 논형, 2007.

하근찬, 『수난이대 (외)』, 범우사, 2020.

제4장 바다를 건너면 – 시모노세키

김호경·권기석·우성규, 「일본제철, 철을 녹여 포탄으로」, 『국민일보』 2010년 4월 6일 자.

정혜경 책임 편집, 『강제동원 구술기록집 3: 똑딱선 타고 오다가 바다 귀신 될 뻔했네』, 일제강점하강제동원피해진상규명위원회, 2006. (102쪽 조용섭 증언, 103쪽 이천구 증언.)

「제주인의 일본 도항」, 『애향백년』, 제주특별자치도, 2010.

조세이탄광 추도문, 조세이탄광희생자대한민국유족회, 2013년 2월 2일.

제5장 아래로 아래로 – 지쿠호

국립일제강제동원역사관 홈페이지. (122쪽 박용식 증언.)

김광렬, 『기억해야 할 사람들: 강제 동원, 김광렬 기록으로 말하다』, 국가기록원 홈페이지.

김호경·권기석·우성규,『일제 강제동원, 그 알려지지 않은 역사』, 돌베
개, 2010.

이흥섭, 번역공동체 잇다 옮김,『딸이 전하는 아버지의 역사』, 논형,
2018.

일제강제동원피해자지원재단, 강제동원 교육자료.

민족문제연구소·강제동원진상규명네트워크 엮음,『일본의 메이지 산업
혁명 유산과 강제노동』, 민족문제연구소·강제동원진상규명네트워크,
2017.

정혜경 책임 편집,『강제동원 구술기록집 1: 당꼬라고요?』, 일제강점하
강제동원피해진상규명위원회, 2005.

제6장 도망칠 수 없는 지옥 – 나가사키

김호경·권기석·우성규,『일제 강제동원, 그 알려지지 않은 역사』, 돌베
개, 2010.

나가사키 재일조선인의 인권을 지키는 모임, 박수경·전은옥 옮김,『군함
도에 귀를 기울이면』, 선인, 2017. (147쪽 전영식 증언.)

대일항쟁기강제동원피해조사및국외강제동원희생자등지원위원회 엮음,
『일제강점기 강제동원의 실태와 한국병합의 역사적 쟁점』, 국립외교
원 외교안보연구소, 2019.

류미나,「일본지역 탄광 광산 조선인 강제동원 실태 : 다카시마탄광을
중심으로」,『2019년 일제강제동원 피해 진상조사 학술연구용역 보고
서』, 일제강제동원피해자지원재단, 2019.

「메이지 시대 일본의 산업혁명과 나가사키의 근대화 유산」, 나가사키시
관광추진과.

민족문제연구소·강제동원진상규명네트워크 엮음,『일본의 메이지 산업
혁명 유산과 강제노동』, 민족문제연구소·강제동원진상규명네트워크,
2017.

안해룡, 『흩어진 역사, 잊혀진 이름들』, 시사인, 2019.

유네스코 헌장(국문), 유네스코 홈페이지.

이재갑, 『한국사 100년의 기억을 찾아 일본을 걷다』, 살림, 2011.

한수산, 『군함도』, 창비, 2016.

KBS 취재파일K, 「일본 강제징용 유적 현장을 가다」, KBS, 2015년 6월 8일 방송. (146쪽 최장섭 증언.)

제7장 누군가는 그곳에서 – 나가노

안해룡, 『흩어진 역사, 잊혀진 이름들』, 시사인, 2019.

와다 노보루, 강세훈 옮김, 『김형제의 십자가』, 도서출판 열린아트, 2003.

조건, 「마쓰시로(松代) 대본영 건설 조선인 강제동원 실태」(2019년도 일제강제동원 피해 진상조사 학술연구용역 보고서), 일제강제동원피해자지원재단, 2019.

제8장 온 섬이 눈물 구멍 – 제주도

모윤숙, 「내 어머니 한 말씀에」, 『매일신보』 1943년 11월 12일 자.

이시우, 『제주 오키나와 평화기행』, 도서출판 말, 2014.

일제강점하강제동원피해진상규명위원회 엮음, 『일하지 않는 자는 황국신민이 아니다』, 일제강점하강제동원피해진상규명위원회, 2008. (204쪽 장한종 증언.)

조성윤·지영임·허호준, 『빼앗긴 시대 빼앗긴 시절』, 선인, 2007. (184·185쪽 김자봉·문상진 증언, 194쪽 강희경 증언, 199·201쪽 고남경·고석돈 증언.)

제9장 죽음을 명령하다 – 지란

「가미카제」 위키피디아 참고.

길윤형, 『나는 조선인 가미카제다』, 서해문집, 2012.

「이오섬 전투」 위키피디아 참고.
지란특공평화회관 홈페이지 참고.

제10장 자살의 언덕 – 오키나와
오키나와타임스 엮음, 김란경·김지혜·정현주 옮김,『철의 폭풍』, 도서출판 신치럼, 2020.
이시우,『제주 오키나와 평화기행』, 도서출판 말, 2014.
존 키건, 류한수 옮김,『2차세계대전사』, 청어람미디어, 2007.
히메유리평화기념자료관 홈페이지 설명 참고.

제11장 얼마나 죽었는지 – 제주도
4·3아카이브 홈페이지 설명.
이시우,『제주 오키나와 평화기행』, 도서출판 말, 2014.
제주4·3연구소,「4·3역사의 길 조성 기본계획 수립 용역보고서」, 2015.
제주4·3평화재단 홈페이지. (주요 사건, 초토화 작전, 섯알오름학살터 설명 참고.)
조성윤·지영임·허호준,『빼앗긴 시대 빼앗긴 시절』, 선인, 2007.
현기영,『순이삼촌』, 창비, 2015.

제12장 전쟁은 끝나지 않았다 – 파주
도진순,「남북 접경지대와 '평화 이니셔티브'」,『근현대 전쟁 유적 그리고 평화』, 동북아역사재단, 2011.

사진 출처

허욱 제공: 20~33, 39~48, 56~61, 66, 67, 71, 74, 75, 81~85, 87~
96, 98~100, 102, 103, 105~107, 114~120, 123, 125~127, 130~
136, 142, 143, 146, 149, 150, 152~156, 158, 159, 166~174, 176,
177, 182~207, 216, 217, 219~225, 232, 233, 235~239, 242~263,
270~274, 276~281, 285~291

한국영상자료원 제공: 50, 51

국립일제강제동원역사관 제공: 62~65

위키미디어 코먼스(WIKIMEDIA COMMONS): 73, 151

근현대사디지털아카이브 제공: 86

몽당연필 제공: 108

박영이 제공: 109

위키피디아(WIKIPDIA) 제공: 144, 145, 226, 227

김민철 제공: 157

일본국토지리원 제공: 160

내셔널 아카이브(National Archives) 제공: 214, 215

* 사진과 증언의 게재를 허락해주신 피해자와 유족 그리고 여러 기관과 저작
물의 저자들에게 감사드립니다.

답사한 강제 동원 주요 도시

서울
경희궁 방공호
신설동 폐역
여의도 지하벙커

나가노
마쓰시로 대본영

시모노세키
야하타제철소
일본제철
조세이탄광

제주도
알뜨르비행장
가마오름 동굴 진지
셋알오름 일제 고사포 진지
수월봉 일제 갱도 진지
섯알오름 탄약고 터
제주4·3평화공원

지쿠호
다가와시 석탄박물관
미이케탄광

나가사키
미쓰비시조선소
다카시마탄광
하시마탄광
평화공원

가덕도
외양포 포대 진지

지란
지란특공평화회관

부산
국립일제강제동원역사관

오키나와
마부니 언덕
오키나와 육군병원 방공호
구 해군 사령부 방공호
히메유리평화기념자료관

강제 동원 주요 연표

1910년	국권 피탈
1931년	일본의 만주 침략(만주사변 시작)
1937년	중일전쟁 개시
	황국신민서사 제정
1938년	국가총동원법 조선에 공포(조선인 강제 동원 근거 마련)
1939년	국민징용령 제정, 시행
	조선인 노무자 내지(內地) 이주에 관한 건 발령(강제 동원 본격화)
	남사할린 개척단 모집
1940년	창씨개명
1941년	일본군의 진주만 공격으로 태평양전쟁 개시
	국민근로보국령 공포(각종 근로보국대 본격 동원)
1942년	일본 각의, 조선에 징병제 시행 준비의 건 공포
1943년	병역법 개정 공포
	국민징용령 개정(징용자 중 군속 차출해 군수공장 배치)
	조선에 징병제 실시 결정(개정 병역법 시행)
1944년	제1회 징병검사 실시(~8. 20) 및 조선여자청년연성소 훈련 개시
	학도근로령 공포
	여자정신근로령 공포(12~40세 여성 노무 동원)
	17세 이상 남자를 제2국민병 병적신고 결정
1945년	국민근로동원령 공포
	국민의용대 조선총사령부 결성
	미군, 일본 히로시마·나가사키 원폭 투하
	8·15광복
1948년	제주4·3사건 발생
	이승만 초대 대통령 당선
	반민족행위처벌법 제정
	국가보안법 제정
	여수·순천 10·19사건 발생
1950년	한국전쟁 발발

* 일제강제동원피해자지원재단의 강제 동원 연표 참조.